PIZZA

MAL GANZ ANDERS

JAMIE YOUNG
FOTOGRAFIERT VON FRÉDÉRIC LUCANO

DK

INHALT

So kocht Jamie 4

Grundlagen 6

Italienische Pizzas 18

Internationale Pizzas 36

Französische Pizzas 64

De-Luxe-Pizzas 92

Alltagspizzas 100

Süße Pizzas 134

Anhang 142

APHRODITE 13,00
BASQUIAT 13,00 gorgonzola et figue
GANDHI 13,00 (SANS TOMATE) Sag Paneer
BJORK 13,50 tranches de saumon fumé
CHE 14,50 porc cuisiné "façon cubaine" et coriandre) et ses bananes
MACIAS 15,50 poulet cuisiné "façon tajine" au citron confit, olives
CANTONA 15,50 8 fromages maroilles, mozzarella
ALMODOVAR 16,00 "pizza paëlla"
HO CHI MINH 16,00 poulet et gambas sur crème de citronnelle
DU MOMENT
À EMPORTER
CORPORAT
PIZZA CHAIN
STILL
SUCK
PINK FLA

Pink
PIZZAS
FARINE BIOLOGIQUE
PIZZAS
FARINE BIOLOGIQUE
À EMPORTER ET SUR PLACE
LIVRAISON À VELO

SO KOCHT JAMIE

In den erlesensten Küchen von Manhattan bis Los Angeles hat Jamie Young gelernt, gekocht und Inspirationen gesammelt. Doch was ihm und seiner Frau Marie im Kopf herumspukte, waren Pizzas. Aber keine gewöhnlichen Pizzas, sondern Pizzas in allen erdenklichen Farben und Geschmacksrichtungen mit einem so köstlichen Boden, dass sich alle Feinschmecker die Finger danach lecken würden – und doch genial einfach in der Zubereitung. Ein paar Monate später, im August 2004, eröffneten die beiden das Pink Flamingo als Pizza-Restaurant der etwas anderen Art in Paris, genauer gesagt in der Rue Bichat, einen Katzensprung vom Canal Saint-Martin entfernt. Eine hübsche, bunte Location: ein Tresen, drei Hocker, Rock 'n' Roll. Und ein Pizza-Ofen als Dreh- und Angelpunkt.

Alle Pizzas in diesem Buch basieren auf traditionellen Rezepten oder auf Geschmacksrichtungen, die bestens zum warmen Pizzateig oder dem geschmolzenen Käse oder zu beidem passen. Von dieser Grundlage – warmer Pizzateig und geschmolzener Käse – geht Jamie aus, wenn er sich die Beläge ausdenkt und dabei versucht, die Aromen aller Zutaten herauszukitzeln. Unvergleichlich lecker und unkonventionell muss sein, was dabei herauskommt, ganz in diesem Sinne experimentiert Jamie mit den Pizzabelägen. Darüber hinaus legt er größten Wert auf die Qualität seiner Zutaten: Ihm ist es wichtig, möglichst frische, saisonale Produkte der Region zu verwenden.

Von den Lesern seines Buches wünscht sich Jamie vor allem Experimentierfreude, zu der all seine kreativen Rezeptvorschläge unbedingt inspirieren wollen: Vom Ausprobieren seiner Rezepte über das Erfinden eigener Varianten, zum Beispiel auch, um Reste zu verwerten. Der größte Erfolg dieses Buches wäre neben der Neuentdeckung des Pizzagenusses, wenn es dazu anregen würde, eigene Pizzas zu erfinden, und Freunde und Familie ganz verrückt danach werden.

ALLGEMEINE HINWEISE

Achten Sie beim Einkauf auf Qualität und Frische, um den besten Geschmack zu erzielen.

Für die Zubereitung des Grundteigs wurde kurz und bündig »Mehl« angegeben, wohl wissend, dass viele bei der Mehlauswahl für eine Pizza schon eigene Erfahrungen gesammelt haben. Geeignet sind verschiedene Ausführungen bzw. Mehltypen. Ganz gleich, ob Sie sich für das klassische Weizenmehl der Type 405, backstarkes Mehl der Type 550 oder das sehr feine italienische Mehl der Type 00 speziell für Pizzas (erhältlich in Feinkostläden), eine Mischung daraus oder die Zugabe von Hartweizengrieß entscheiden: Mit diesem Grundrezept schmeckt jede Pizza toll, probieren Sie doch einfach einmal aus, was Ihnen am besten schmeckt!

Ob Sie grobes oder feines Meersalz oder einfaches Tafelsalz verwenden, bleibt Ihnen ebenfalls überlassen.

PINK STORY

GRUNDLAGEN

mal ganz anders

PIZZATEIG

FÜR 1 PIZZA
Vorbereitungszeit: 15 Minuten • Ruhezeit: 3 Stunden 40 Minuten (insgesamt)
Achtung: Idealerweise sollte der Teig 3 Tage im Kühlschrank ruhen.

1 TL Honig
½ Päckchen Trockenhefe
275 g Mehl (und Mehl zum Bestäuben)
1 TL feines Meersalz
1 TL Olivenöl

In einem Messbecher den Honig in 50 ml kaltem Wasser auflösen. Die Hefe zufügen und die Mischung 10 Minuten ruhen lassen.

150 g Mehl in eine Schüssel geben und das Honigwasser mit der Hefe dazugießen. 125 ml lauwarmes Wasser hinzufügen und alles mindestens 5 Minuten kräftig vermischen. Den Vorteig 30 Minuten bei Raumtemperatur offen ruhen lassen.

Das Salz, die restlichen 125 g Mehl und das Olivenöl zufügen, dann alles mit den Händen zu einem homogenen Teig kneten. Die Schüssel mit Klarsichtfolie abdecken und 3 Tage im Kühlschrank (das wäre optimal) oder 2 Stunden bei Raumtemperatur ruhen lassen.

Den Teig aus dem Kühlschrank nehmen und daraus mit etwas Mehl eine große Kugel formen. Diese 1 Stunde bei Raumtemperatur ruhen lassen.

Die Teigkugel rundum mit Mehl bestäuben, mit der Hand flach drücken und den Teig mit den Fingerspitzen nach außen ziehen. Den Teig mehrmals wenden und so lange ausdehnen, bis der Pizzateig einen Durchmesser von etwa 30 cm hat. So wird der Boden knusprig, hat aber Volumen und einen dickeren Rand. Mögen Sie die Pizza lieber flach und knusprig, dehnen Sie den Teig weiter aus oder bereiten zwei Böden zu. Den Teig auf ein mit Backpapier bedecktes Blech geben und belegen.

Die Grundlage jeder Pizza ist der Teig, der genau richtig gebacken sein sollte. Dafür muss der Backofen stark vorgeheizt sein (240 °C). Am besten geht das mit einem Pizzastein: Er wird im Ofen vorgeheizt und ist glühend heiß, wenn die Pizza daraufgelegt wird, sodass der Teig schön knusprig wird.

PINK FLAMINGO

SAUCEN
mal ganz anders

Es gibt nicht nur rote oder helle Sauce, auf der Pizzabeläge verteilt werden, sondern viele unterschiedliche Grundlagen. Für jedes Rezept sollte es eine spezielle Sauce geben, die genau auf den Geschmack und die Konsistenz der Beläge abgestimmt ist. Hier einige Beispiele für Saucen, die Sie für Pizzas mit ähnlichen Geschmacksrichtungen verwenden können.

KREBS-MASCARPONE

100 g Krebsfleisch fein hacken oder nach Belieben pürieren und mit 200 g Mascarpone und dem gehackten Grün von 4 Frühlingszwiebeln vermischen. Mit Salz und frisch gemahlenem schwarzem Pfeffer würzen und gut umrühren.

Die Pizza > Krebsfleisch und scharfe Avocado-Salsa (s. S. 60)

SENFCREME

2 TL Dijonsenf und 2 TL Crème fraîche mischen.

Die Pizza > Rindersteak und Schalotten (s. S. 88)

Tomatensauce

Tomatensauce soll die Aromen der Zutaten auf einer Pizza hervorheben. Darum ist eine Sauce aus gehackten Tomaten, die einfach nur mit Salz und schwarzem Pfeffer gewürzt wird, ideal für fast alle Beläge. Jede Pizza entwickelt ihre eigene Note durch die besonderen Beläge und die Tomatensauce sollte weder zu süß noch zu säuerlich, sondern eher neutral sein. Auf keinen Fall eine fertig gewürzte Tomatensauce verwenden!

30 g stückige Tomaten aus der Dose mit Salz und frisch gemahlenem schwarzem Pfeffer würzen. Im Mixer etwas zerkleinern.

Tipp: Die Tomatensauce gut auf dem Pizzaboden verteilen und nicht zu viel in die Mitte geben, sonst backt der Teig dort nicht gut. Außerdem die Mengenangaben in den Rezepten beachten.

RICOTTA MIT GERÖSTETEM KNOBLAUCH

1 Knoblauchzehe mit etwas Olivenöl bestreichen und 30 Minuten im Backofen bei hoher Temperatur rösten (mehrere Zehen auf Vorrat für andere Verwendungen so zubereiten, damit sich der Aufwand lohnt). Die Knoblauchzehe leicht zusammendrücken, um die Haut zu entfernen, und mit 1 TL abgeriebener Schale von 1 unbehandelten Zitrone und 50 ml Olivenöl im Mixer zu einer homogenen Paste verarbeiten. 250 g Ricotta zufügen und mit Salz und frisch gemahlenem schwarzem Pfeffer würzen.

Die Pizza > Weißer Spargel und Kirschtomaten (s. S. 32)

MASCARPONE MIT WEISSEN BOHNEN

½ Dose weiße Bohnen (200 g) mit einer Gabel zerdrücken, 200 g Mascarpone und 1 Prise Kräuter der Provence zufügen. Alles gut mischen und mit Salz und frisch gemahlenem schwarzem Pfeffer würzen.

Die Pizza > Ente und pochierte Birnen (s. S. 76)

MASCARPONE MIT CHILI-SAUCE

2 Stängel Thai-Schnittlauch fein hacken. 200 g Mascarpone mit 1 TL extra-scharfer Chilisauce (z. B. Sriracha-Sauce aus dem Asialaden) und dem Schnittlauch mischen.

Die Pizza > Hackfleisch asiatisch (s. S. 62)

MASCARPONE MIT WASABI

200 g Mascarpone mit 1 TL Wasabi mischen.

Die Pizza > Jakobsmuscheln und Wasabi (s. S. 94)

MASCARPONE MIT KIDNEYBOHNEN

70 g Kidneybohnen aus der Dose mit einer Gabel zerdrücken. 100 g Mascarpone, Salz und frisch gemahlenen schwarzen Pfeffer zugeben und alles kräftig verrühren.

Die Pizza > Würziges Grillhähnchen und Mango-Salsa (s. S. 108)

MASCARPONE MIT GETROCKNETEN TOMATEN

100 g getrocknete Tomaten im Mixer zu einer Paste zerkleinern. 200 g Mascarpone zugeben.

Die Pizza > Würstchen, Scamorza und Rucola (s. S. 34)

KÄSEMIX

Bei der Zubereitung dieser Mischung aus drei verschiedenen Käsesorten sollte der Käse immer frisch gerieben werden. Die besondere Kombination ist ausgewogen in Konsistenz und Aroma und lässt die einzelnen Geschmacksrichtungen der Pizzas voll zur Geltung kommen. Alle Käsesorten reiben und mischen.

FÜR 1 PIZZA
MIT 1 PORTION KÄSEMIX (150 G)

95 g Mozzarella
15 g Cheddar
40 g Emmentaler

FÜR 1 PIZZA
MIT 1/3 PORTION KÄSEMIX (ETWA 50 G)

35 g Mozzarella
5 g Cheddar
15 g Emmentaler

FÜR 1 PIZZA
MIT 2/3 PORTION KÄSEMIX (100 G)

65 g Mozzarella
5 g Cheddar
30 g Emmentaler

SCHARFE ÖLE

Mit den folgenden Zutaten können Sie pikante Öle selbst machen, die sehr gut zu Ihren Pizzas passen. Die Rezepte sind äußerst einfach und für alle Gewürzmischungen gilt: Rösten Sie die Gewürze ohne Fett in einem Topf an, gießen Sie das Öl dazu und erhitzen es, bis es fast kocht.

ASIATISCH

1 TL grüne Currypaste
6 cm Zitronengras
2 cm frische Thai-Ingwerwurzel
1 Knoblauchzehe
2 frische Chilischoten
2 Stängel Koriandergrün
400 ml Sonnenblumenöl

INDISCH

6 Kardamomkapseln
1 TL Senfkörner
1 TL Kreuzkümmelsamen
2 cm frische Ingwerwurzel
2 Knoblauchzehen
6 scharfe rote Chilischoten (z. B. Vogelaugenchili)
1 Prise gemahlene Kurkuma
400 ml Sonnenblumenöl

ITALIENISCH

1 Lorbeerzweig
1 Prise getrockneter Oregano
½ TL schwarze Pfefferkörner
6 scharfe rote Chilischoten (z. B. Vogelaugenchili)
2 Knoblauchzehen
1 Zweig frischer Thymian
400 ml Olivenöl

ORIENTALISCH

1 EL Pul Biber (Chiliflocken aus dem türkischen Lebensmittelladen)
3 Knoblauchzehen, geröstet
400 ml Olivenöl

MAROKKANISCH

1 Zimtstange
1 Prise Quatre-épices (französische Gewürzmischung aus weißem Pfeffer, getrocknetem Ingwer, Muskatnuss und Gewürznelken)
1 Prise gemahlener Kreuzkümmel
2 cm frische Ingwerwurzel
1 Knoblauchzehe
1 Stängel Koriandergrün
400 ml Olivenöl

ITALIENISCHE PIZZAS

ROMA-TOMATEN
UND BASILIKUM

FÜR 1 PIZZA
Vorbereitungszeit: 5 Minuten (plus Vorbereitungszeit für den Teig)
Backzeit: 20 Minuten

1 Pizzateig (s. S. 8)
30 g Tomatensauce (s. S. 11)
⅓ Portion Käsemix (s. S. 14)
1 Roma-Tomate
125 g Mozzarella
6 Basilikumblätter
1 Msp. getrockneter Oregano

Den Backofen auf 240 °C vorheizen.

Die Tomate in 1 × 1 cm große Würfel und den Mozzarella in 6 gleichmäßige Scheiben schneiden. Die Basilikumblätter grob hacken.

Den Pizzateig mit der Tomatensauce bestreichen und den Käsemix darauf verteilen. Die Mozzarellascheiben auf der Pizza anordnen (eine in der Mitte und die anderen sternförmig darum) und mit Oregano bestreuen.

Die Pizza 20 Minuten im Ofen backen, bis der Teig knusprig ist. Vor dem Servieren die Tomatenwürfel und die Basilikumblätter darauf verteilen.

Diese Pizza ist ein zeitloser Klassiker, der hier neu interpretiert wird.

RUCOLA, PARMESAN
UND BALSAMICOESSIG

FÜR 1 PIZZA
Vorbereitungszeit: 5 Minuten (plus Vorbereitungszeit für den Teig)
Backzeit: 20 Minuten

1 Pizzateig (s. S. 8)
30 g Tomatensauce (s. S. 11)
1 Portion Käsemix (s. S. 14)
125 g Mozzarella
1 Prise getrockneter Oregano
1 große Handvoll Rucola, gewaschen
2 TL Olivenöl
1 TL Balsamicoessig
20 g Parmesan, gehobelt

Den Backofen auf 240 °C vorheizen.

Den Mozzarella in 6 gleichmäßige Scheiben schneiden.

Den Teig mit der Tomatensauce bestreichen und den Käsemix gleichmäßig darauf verteilen. Die Mozzarellascheiben auf der Pizza anordnen (eine in der Mitte und die anderen sternförmig darum) und mit Oregano bestreuen.

Die Pizza 20 Minuten im Ofen backen. In einer Schüssel den Rucola mit dem Olivenöl und dem Balsamicoessig vermischen. Vor dem Servieren den Salat mittig auf der Pizza anrichten und den Parmesan darübergeben.

Diese Pizza ist das Richtige für den traditionellen Italiener in uns allen!

GORGONZOLA, FEIGE
UND ROHER SCHINKEN

FÜR 1 PIZZA
Vorbereitungszeit: 10 Minuten (plus Vorbereitungszeit für den Teig)
Backzeit: 20 Minuten

1 Pizzateig (s. S. 8)
30 g Tomatensauce (s. S. 11)
⅔ Portion Käsemix (s. S. 14)
3 große getrocknete Feigen
100 g Gorgonzola
1 Prise getrockneter Oregano
3 sehr dünn geschnittene Scheiben roher Schinken
1–2 TL gehackte krause Petersilie

Den Backofen auf 240 °C vorheizen.

Die Stiele von den Feigen entfernen. Jede Feige in 5 Scheiben schneiden. Den Gorgonzola in 8 Stücke teilen.

Den Teig mit der Tomatensauce bestreichen und die Feigen, dann den Käsemix und den Gorgonzola gleichmäßig darauf verteilen. Mit Oregano bestreuen und 20 Minuten im Ofen backen. Vor dem Servieren die Schinkenscheiben darauflegen und die Petersilie darüberstreuen.

Achten Sie darauf, dass Sie qualitativ gute Feigen verwenden und der Schinken sehr dünn geschnitten ist – am besten eignet sich hauchzarter, aromatischer San-Daniele-Schinken.

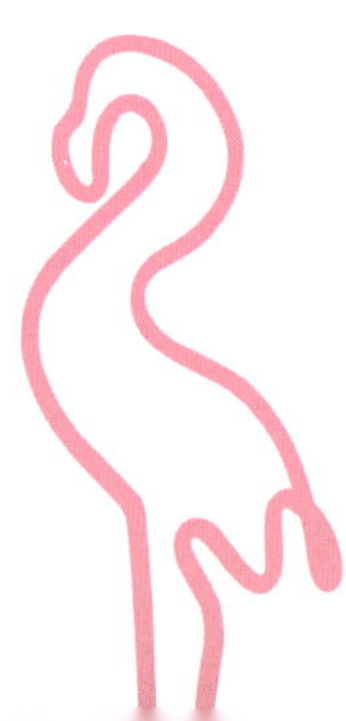

COPPA
UND MARINIERTER SPARGEL

FÜR 1 PIZZA
Vorbereitungszeit: 25 Minuten (plus Vorbereitungszeit für den Teig)
Backzeit: 20 Minuten

1 Pizzateig (s. S. 8)
$\frac{2}{3}$ Portion Käsemix (s. S. 14)
4 Stangen grüner Spargel
50 ml Olivenöl
2 Knoblauchzehen, gehackt
1 TL abgeriebene Schale von 1 unbehandelten Zitrone
1 EL Crème fraîche
5 Scheiben Coppa (luftgetrocknete italienische Schinkenspezialität; ersatzweise roher Schinken)
1 Prise getrockneter Oregano
20 g Parmesan, gehobelt
Salz und frisch gemahlener schwarzer Pfeffer

Den Backofen auf 240 °C vorheizen.

Die Spargelstangen im unteren Drittel schälen und in 10 cm lange Stücke schneiden. In einem Topf mit kochendem Salzwasser 3 bis 5 Minuten garen (je nach Größe). Den Spargel abgießen und in eine Schale mit Eiswürfeln geben, damit er nicht weitergart. Abtropfen lassen, der Länge nach in 3 oder 4 Scheiben schneiden und in eine flache Schale legen.

In einem kleinen Topf das Olivenöl 2 Minuten erhitzen, den Knoblauch und die Zitronenschale unterrühren. Alles über den Spargel gießen, mischen und mit Salz und Pfeffer würzen.

Den Teig mit der Crème fraîche bestreichen und die Coppa-Scheiben darauflegen. Den Käsemix darauf verteilen und die Spargelstücke sternförmig auf der Pizza anordnen, sodass die Köpfe nach außen zeigen. Mit Oregano bestreuen.

Die Pizza 20 Minuten im Ofen backen und vor dem Servieren den Parmesan darüber verteilen.

Diese Pizza sieht nicht nur verlockend aus, sie ist wirklich köstlich! Ein Tipp: Achten Sie darauf, den Spargel nicht zu weich zu kochen.

GEGRILLTES GEMÜSE
UND PECORINO-CRUMBLE

FÜR 1 PIZZA
Vorbereitungszeit: 25 Minuten (plus Vorbereitungszeit für den Teig)
Backzeit: 20 Minuten

1 Pizzateig (s. S. 8)
30 g Tomatensauce (s. S. 11)
1 Zucchini
1 kleine Fenchelknolle
12 Champignons
1 Radicchio
1 EL Olivenöl
1 Prise rote Chiliflocken
80 g junger Pecorino
2 Zweige frischer Rosmarin
25 g Walnusskerne
2 Knoblauchzehen
Salz und frisch gemahlener schwarzer Pfeffer

Den Backofengrill (alternativ kann eine Grillpfanne verwendet werden) auf hohe Temperatur vorheizen.

Die Zucchini putzen und der Länge nach in 6 dünne Scheiben schneiden, die Fenchelknolle ebenfalls putzen und der Länge nach in dünne Scheiben schneiden. Die Champignons vierteln und den Radicchio grob hacken. Das Gemüse separat in Schüsseln mit Olivenöl beträufeln sowie mit Salz und Pfeffer würzen, jeweils locker verrühren.

Die Zucchinischeiben unter dem Grill von einer Seite 30 Sekunden bis 1 Minute grillen, dann mit den Chiliflocken bestreuen. Die Fenchelscheiben so lange grillen, bis sie weich sind. Die Champignons 1 Minute grillen. Alles abkühlen lassen. Die Ofentemperatur – jetzt ohne Grillstufe – auf 240 °C einstellen.

Den Pecorino hacken. Den Rosmarin waschen, trocken schütteln, die Nadeln abstreifen und hacken. Die Walnusskerne und den Knoblauch ebenfalls hacken. Rosmarin, Walnusskerne, Knoblauch und den Pecorino vermischen, bis der Käse anfängt, krümelig zu werden.

Den Teig mit der Tomatensauce bestreichen. Die Zucchini- und die Fenchelscheiben sowie die Champignons auf der Pizza verteilen. Die Hälfte der Radicchiostücke darüberstreuen. Alles mit dem Pecorino-Crumble bedecken.

Die Pizza 20 Minuten im Ofen backen und vor dem Servieren mit dem restlichen Radicchio garnieren.

Wenn der Duft des gebackenen Rosmarins aus dem Ofen strömt, läuft jedem das Wasser im Mund zusammen. Ein tolles Rezept für den Herbstanfang.

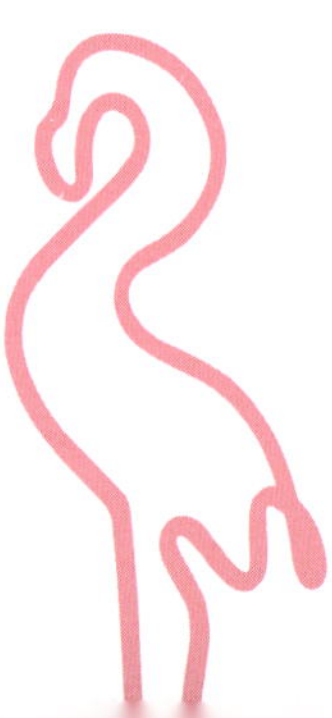

CALZONE
MIT WÜRSTCHEN UND PAPRIKA

FÜR 1 PIZZA
Vorbereitungszeit: 40 Minuten (plus Vorbereitungszeit für den Teig)
Backzeit: 20 Minuten

1 Pizzateig (s. S. 8)
30 g Tomatensauce (s. S. 11)
125 g Mozzarella
1 Zwiebel
1 rote Paprikaschote, entkernt
3 EL Olivenöl
1 Prise Cayennepfeffer
3 Knoblauchzehen, gehackt
1 Prise getrockneter Oregano
1 grobe Schweinsbratwurst
20 g Parmesan, gerieben

RUCOLA-SALAT
1 Handvoll Rucola
Balsamicoessig
Olivenöl
Salz und frisch gemahlener schwarzer Pfeffer

Den Mozzarella in 6 gleichmäßige Scheiben schneiden und beiseitestellen. Die Zwiebel in dünne Scheiben und die Paprika in schmale Streifen schneiden.

In einer Pfanne das Olivenöl mit dem Cayennepfeffer erhitzen. Die Zwiebel und die Paprika darin 15 Minuten braten, dabei regelmäßig umrühren. Den Knoblauch und den Oregano zufügen und weitere 10 Minuten garen. Mit Salz und Pfeffer würzen und abkühlen lassen.

Die Bratwurst der Länge nach teilen und 2 Minuten in einer Grillpfanne bei mittlerer Temperatur anbraten.

Den Backofen auf 240 °C vorheizen. Den Teig mit einem Nudelholz dünn und groß ausrollen. Die Würste auf die eine Hälfte des Teiges legen und dabei einen Rand von 3 cm lassen. Die Tomatensauce, die Paprikamischung, den Mozzarella und den Parmesan darüber verteilen. Die leere Teighälfte über die belegte Hälfte klappen. Falls nötig, den überstehenden Teig abschneiden. Die Teigränder gut zusammendrücken.

Die Calzone 20 Minuten im Ofen backen, bis sie knusprig ist.

Währenddessen den kleinen Rucola-Salat anrichten und zur Calzone servieren.

Ein Klassiker der italo-amerikanischen Küche, bei dem wir uns nach Little Italy versetzt fühlen!

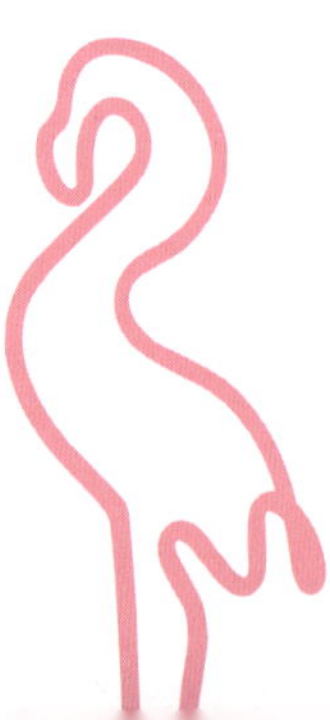

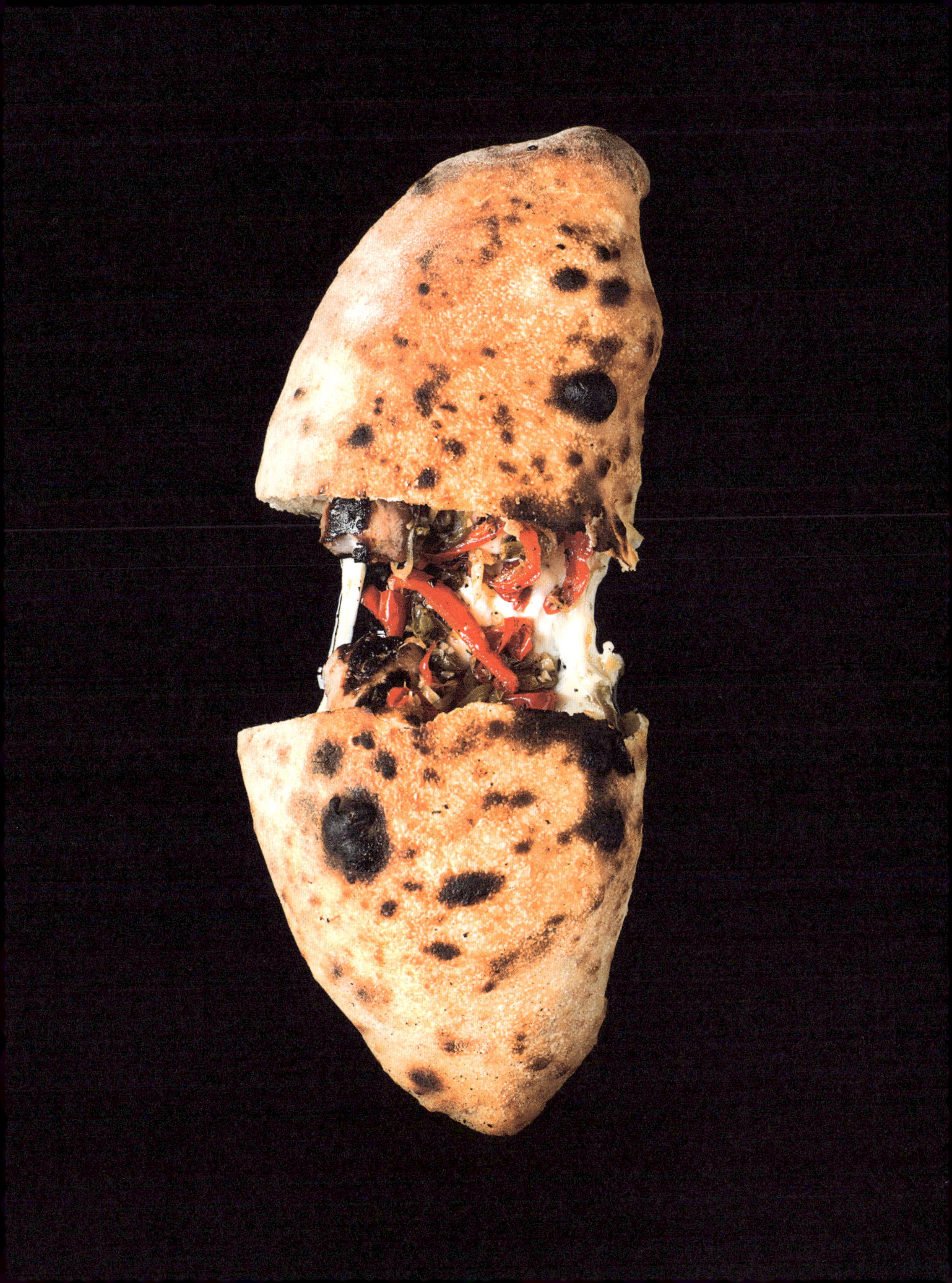

WEISSER SPARGEL
UND KIRSCHTOMATEN

FÜR 1 PIZZA
Vorbereitungszeit: 1 Stunde (plus Vorbereitungszeit für den Teig)
Backzeit: 20 Minuten

1 Pizzateig (s. S. 8)
6 Stangen weißer Spargel, geschält
1 TL Balsamicocreme mit Trüffelgeschmack
1 Knoblauchknolle
50 ml Olivenöl
1 TL abgeriebene Schale von 1 unbehandelten Zitrone
250 g Ricotta
2 EL Körnermischung (Kürbiskerne, Sonnenblumenkerne etc.)
10 Kirschtomaten, halbiert
1 Handvoll gemischter Salat, gewaschen
1 EL geriebener Pecorino
Salz und frisch gemahlener schwarzer Pfeffer

VINAIGRETTE
1 TL Senf
1 TL Honig
1 EL Cidre- oder Apfelessig
2 EL Olivenöl
Salz und frisch gemahlener schwarzer Pfeffer

Den Backofen auf 240 °C vorheizen.

Den Spargel bei hoher Temperatur auf einem Grill oder in einer Grillpfanne 5 Minuten grillen. Die Spargelstangen in 3 cm lange Stücke schneiden, mit der Balsamicocreme bestreichen, mit Salz und Pfeffer würzen.

Die Knoblauchknolle in eine kleine ofenfeste Form legen, mit etwas Olivenöl beträufeln und 30 Minuten im Ofen rösten. Eine Knoblauchzehe herausdrücken und im Mixer mit der abgeriebenen Zitronenschale und dem restlichen Olivenöl zu einer homogenen Creme verarbeiten. Die nicht verbrauchten Zehen der Knolle für andere Zubereitungen verwahren. Den Ricotta unterrühren und mit Salz und Pfeffer würzen.

Den Rand des Teiges etwa 3 cm breit ein wenig anfeuchten und darauf die Körnermischung verteilen (die Körner leicht andrücken, damit sie am Teig haften). Die Ricottacreme bis an den Körnerrand auf die Pizza streichen. Den Spargel und die halbierten Kirschtomaten darauf verteilen.

20 Minuten im Ofen backen. Währenddessen für die Vinaigrette alle Zutaten (bis auf das Olivenöl) in einer Schale mischen. Die Mischung mit einem Schneebesen schlagen, dann langsam das Olivenöl in einem dünnen Strahl angießen und dabei weiterschlagen. Den Salat mit der Vinaigrette anmachen. Vor dem Servieren mittig auf die Pizza geben und diagonal mit einem Streifen geriebenem Pecorino bestreuen.

Wenn sich der Duft von gegrilltem weißem Spargel mit dem nach geröstetem Knoblauch mischt, ist der Frühling da!

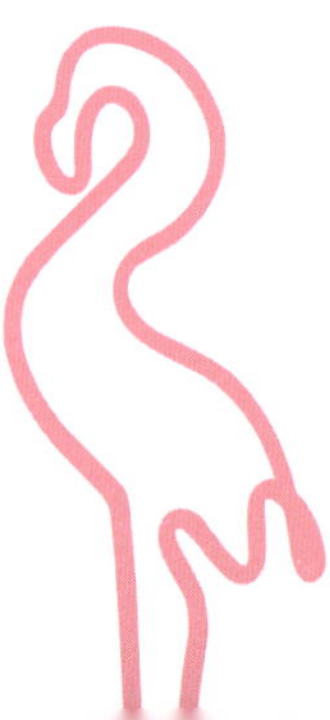

WÜRSTCHEN,
SCAMORZA UND RUCOLA

FÜR 1 PIZZA
Vorbereitungszeit: 10 Minuten (plus Vorbereitungszeit für den Teig)
Backzeit: 20 Minuten

1 Pizzateig (s. S. 8)
100 g getrocknete Tomaten
200 g Mascarpone
1 grobe Schweinsbratwurst
125 g Scamorza (italienischer Kuhmilchkäse in Birnenform)
1 Handvoll Rucola, gewaschen

Den Backofen auf 240 °C vorheizen.

Die getrockneten Tomaten im Mixer zu einer Paste verarbeiten. Die Tomatenpaste in einer Schale gut mit dem Mascarpone vermischen. In einer Pfanne die Bratwurst bei hoher Temperatur schön kross anbraten, dann in 1 cm dicke Scheiben schneiden. Den Scamorza in 6 gleichmäßige Scheiben schneiden.

Den Teig mit der Tomaten-Mascarpone-Creme bestreichen und die Wurstscheiben und den Scamorza darauf anordnen. Die Pizza 20 Minuten im Ofen backen. Vor dem Servieren die Rucolablätter auf der Pizza verteilen.

Der Mascarpone als Grundlage mildert die Säure der Tomaten und ist schön cremig.

INTER-NATIONALE PIZZAS

mal ganz anders

GEGRILLTE AUBERGINE
UND HUMMUS

FÜR 1 PIZZA
Vorbereitungszeit: 15 Minuten (plus Vorbereitungszeit für den Teig)
Backzeit: 20 Minuten

1 Pizzateig (s. S. 8)
30 g Tomatensauce (s. S. 11)
1 Portion Käsemix (s. S. 14)
1 Aubergine
1 TL Knoblauchpaste (aus dem Asialaden)
1 TL Pul Biber (Chiliflocken, aus dem türkischen Lebensmittelladen)
2 EL Olivenöl
1 Prise getrockneter Oregano
1 TL gehackte glatte Petersilie
1 Prise Paprikapulver
Salz und frisch gemahlener schwarzer Pfeffer

HUMMUS
250 g Kichererbsen aus der Dose
2 Knoblauchzehen, geschält
2 EL Tahin (Sesampaste)
70 ml Olivenöl
Saft von 1 Zitrone
Salz und frisch gemahlener schwarzer Pfeffer

Den Backofen auf 240 °C vorheizen.

Die Enden der Aubergine abschneiden und die Aubergine der Länge nach in 6 dünne Scheiben schneiden. Damit die dunklen Grillstreifen entstehen, die Auberginenscheiben 1 Minute in eine bei mittlerer Temperatur erhitzte Grillpfanne legen. Mit den Grillstreifen nach oben nebeneinander auf einen Teller legen.

Die Knoblauchpaste in einer Schale mit dem Pul Biber, jeweils 1 Prise Salz und Pfeffer sowie dem Olivenöl mischen. Das Gewürzöl über die Auberginen gießen und während der Zubereitung des Hummus marinieren lassen.

Den Hummus zubereiten. Die Kichererbsen abspülen und abtropfen lassen. Im Mixer mit dem Knoblauch zu einer homogenen Creme verarbeiten. Tahin zufügen und noch einmal mixen. Das Olivenöl langsam angießen und dabei weitermixen. Zum Schluss den Zitronensaft zugeben und mit Salz und Pfeffer würzen. Für eine etwas cremigere Konsistenz etwas Wasser zufügen.

Den Teig mit der Tomatensauce bestreichen. Den Käsemix und den Oregano darauf verteilen. Die Auberginenscheiben mit der Grillseite nach oben kreisförmig auf der Pizza anordnen.

Die Pizza 20 Minuten im Ofen backen. Vor dem Servieren 1 gehäuften EL Hummus in die Mitte geben. Mit der Petersilie und dem Paprikapulver bestreuen.

Hummus gehört zu den Gerichten, die süchtig machen. Zitrone, Olivenöl, Sesam … Diesen Aromen kann man nicht widerstehen. Wer würde dabei noch an eine Diät denken?

GEGRILLTE PUTE
UND SALBEI-HASELNUSS-PESTO

FÜR 1 PIZZA
Vorbereitungszeit: 1 Stunde (plus Vorbereitungszeit für den Teig)
Backzeit: 15 Minuten

1 Pizzateig (s. S. 8)
1/3 Portion Käsemix (s. S. 14)
300 g Butternut-Kürbisfruchtfleisch
1 EL Olivenöl (und etwas Olivenöl zum Bestreichen)
1 TL frisch geriebene Muskatnuss
200 g Mascarpone
200 g Putenbrust
120 g Gouda
Salz und frisch gemahlener schwarzer Pfeffer

SALBEI-HASELNUSS-PESTO
100 g Butter
150 g ganze Haselnüsse
15 Blätter Salbei, gewaschen
6 Knoblauchzehen, geschält
1 Bund glatte Petersilie, gewaschen und trocken geschüttelt
200 ml Olivenöl
50 g Parmesan, gerieben
Salz und frisch gemahlener schwarzer Pfeffer
Chilischnitze zum Garnieren

Den Backofen auf 200 °C vorheizen.

Das Kürbisfruchtfleisch in etwa 3 × 3 cm große Würfel schneiden. In einer Schüssel mit dem Olivenöl und der Muskatnuss mischen. Mit Salz und Pfeffer würzen. Die Kürbiswürfel in einer Schicht auf ein Backblech legen und 45 Minuten im Ofen garen. Anschließend pürieren, in eine Schale füllen und mit dem Mascarpone vermischen.

Inzwischen das Salbei-Haselnuss-Pesto zubereiten. Die Butter in einem Topf bei hoher Temperatur zerlassen, die Haselnüsse zugeben und 5 Minuten unter ständigem Rühren darin braten. Den Topf vom Herd nehmen, die Salbeiblätter zufügen, gut untermischen und alles 10 Minuten abkühlen lassen. Die Knoblauchzehen und die Petersilie ebenfalls zugeben und alles in 1 Minute im Mixer zu einer Nuss-Salbei-Mischung verarbeiten. Weitermixen und dabei das Olivenöl in einem dünnen Strahl zugießen. Den Parmesan unterrühren und mit Salz und Pfeffer würzen.

Die Putenbrust in größere Stücke schneiden und mit etwas Olivenöl bestreichen. Mit Salz und Pfeffer würzen. In einer Grillpfanne von jeder Seite 2 Minuten anbraten, dann in etwa 1 × 1 cm große Würfel schneiden.

Den Ofen auf 240 °C vorheizen. Den Teig mit der Kürbis-Mascarpone-Creme bestreichen und den Käsemix darauf verteilen. Den Gouda in 6 gleichmäßige Scheiben schneiden. Mit den Putenbrustwürfeln auf der Pizza anordnen. Etwa 15 Minuten im Ofen backen. Vor dem Servieren 1 gehäuften EL Pesto in die Mitte geben und mit Chilischnitzen garnieren.

Bereiten Sie gleich eine größere Menge von diesem Pesto zu, denn es schmeckt zu Nudeln, als Brotaufstrich oder zu Sandwiches. So haben Sie immer einen Vorrat im Haus.

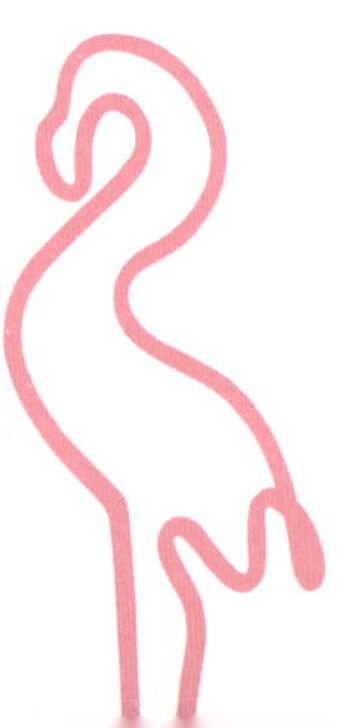

SZECHUAN-HÄHNCHEN
UND CASHEWNÜSSE

FÜR 1 PIZZA
Vorbereitungszeit: 45 Minuten (plus Vorbereitungszeit für den Teig)
Backzeit: 15 Minuten

1 Pizzateig (s. S. 8)
⅔ Portion Käsemix (s. S. 14)
je ¼ rote und grüne Paprikaschote, entkernt
½ Möhre
1 Handvoll Bambussprossen
½ Selleriestange
3 getrocknete scharfe Chilischoten (z. B. Vogelaugenchili), entkernt
1,5 cm frische Ingwerwurzel, geschält
1 Frühlingszwiebel
2 Knoblauchzehen, geschält
1 Eiweiß
1 EL Speisestärke
1 Hähnchenbrust
5 EL Erdnussöl
1 TL Sesamöl
1 EL Reisessig
Saft von ½ Orange
1 EL Sojasauce
1 EL Rohrzucker
1 EL grob gehackte Cashewnüsse

Die rote und grüne Paprikaschote, die Möhre und die Bambussprossen in feine Streifen schneiden. Den Sellerie in dünne Scheiben schneiden. Die Chilischoten und den Ingwer fein schneiden. Die Frühlingszwiebel und den Knoblauch hacken. Beiseitestellen.

In einer Schale das Eiweiß schaumig schlagen. Die Speisestärke zugeben und weiterschlagen, damit die Mischung schaumig bleibt. Die Hähnchenbrust quer zur Faser in sehr dünne Scheiben schneiden und zur Eiweißmischung geben.

Den Backofen auf 240 °C vorheizen.

In einer beschichteten Pfanne 3 EL Erdnussöl stark erhitzen und darin die Hähnchenbrustscheiben von beiden Seiten anbraten. Das Fleisch herausnehmen und den Rest des Erdnussöls sowie das Sesamöl in die Pfanne geben. Paprika- und Möhrenstreifen, Bambussprossen, Sellerie, Chilischoten, Ingwer, Frühlingszwiebel und Knoblauch zugeben und bei hoher Temperatur einige Minuten braten. Die übrigen Zutaten (bis auf die Cashewnüsse) und die Hähnchenbrustscheiben zugeben. Bei hoher Temperatur unter ständigem Rühren mischen, bis alles andickt.

Auf dem Teig die Hähnchen-Gemüse-Mischung gleichmäßig verteilen. Den Käsemix und die Cashewnüsse darüberstreuen. 15 Minuten im Ofen backen und sofort servieren.

Essen Sie gern Chinesisch? Dann ist diese köstliche Pizza genau das Richtige für Sie.

SCHINKEN
UND ANANAS-CHUTNEY

FÜR 1 PIZZA
Vorbereitungszeit: 45 Minuten (plus 8 Stunden Ruhezeit für das Chutney sowie Vorbereitungszeit für den Teig)
Backzeit: 20 Minuten

1 Pizzateig (s. S. 8)
30 g Tomatensauce (s. S. 11)
1 Portion Käsemix (s. S. 14)
½ rote Paprikaschote, entkernt
2 TL gemahlener Kreuzkümmel
1 TL Fenchelsamen
1 TL Senfkörner
8 Bockshornkleesamen
1 Prise Cayennepfeffer
1½ EL Olivenöl
½ rote Zwiebel, gehackt
30 g frische Ingwerwurzel, gerieben
1 Dose Ananas in Stücken (400 g)
50 ml Cidre- oder Apfelessig
2 EL Rohrzucker
4 Scheiben Kochschinken
1 Stängel frische Minze
Salz

Die Paprikaschote klein würfeln, beiseitestellen.

In einer Pfanne alle trockenen Gewürze bei hoher Temperatur unter ständigem Rühren rösten, bis sie anfangen zu knistern. Wenn der Kreuzkümmel dunkel wird, das Öl, die Zwiebel und die Paprikaschote zugeben. Alles 5 Minuten bei hoher Temperatur braten, dabei weiterhin umrühren. Bei mittlerer Temperatur dann 5 Minuten köcheln lassen, bis die Zwiebel und die Paprika weich sind.

Den Ingwer, die Ananas, den Essig und den Zucker zugeben. 20 Minuten bei mittlerer Temperatur zu einer sämigen Mischung einkochen. Mit Salz würzen und umrühren. Das Chutney 8 Stunden in den Kühlschrank stellen und 1 Stunde vor der Zubereitung der Pizza herausnehmen.

Den Backofen auf 240 °C vorheizen.

Den Teig mit der Tomatensauce bestreichen. Den Käsemix gleichmäßig darauf verteilen. Die Schinkenscheiben halbieren und kreisförmig auf der Pizza anordnen. Die Pizza 20 Minuten im Ofen backen. Vor dem Servieren 1 gehäuften EL Ananas-Chutney in die Mitte setzen und mit Minze garnieren.

Das Ananas-Chutney erinnert ein wenig an Hawaii. Süße, Kräuter und Salz ergänzen sich hier aufs Beste zu einem ausgewogenen Geschmackserlebnis, das süchtig macht.

RÄUCHERSPECK,
BRATKARTOFFELN UND SPIEGELEI

FÜR 1 PIZZA
Vorbereitungszeit: 45 Minuten (plus Vorbereitungszeit für den Teig)
Backzeit: 14 Minuten

1 Pizzateig (s. S. 8)
30 g Tomatensauce (s. S. 11)
1 Portion Käsemix (s. S. 14)
50 g durchwachsener Räucherspeck
1 mittelgroße Zwiebel, gehackt
100 g rote Paprikaschote, entkernt und fein gewürfelt
1 Knoblauchzehe, gehackt
2 TL Paprikapulver
1 TL getrockneter Oregano
½ TL weißer Pfeffer
250 g festkochende Kartoffeln
1 EL Olivenöl
2 Eier
1–2 TL fein gehackte glatte Petersilie
Salz und frisch gemahlener schwarzer Pfeffer

Den Räucherspeck in dünne Scheiben schneiden und in einer Pfanne bei mittlerer Temperatur leicht kross braten. Aus der Pfanne nehmen und auf Küchenpapier abtropfen lassen, dann in etwa 4 × 4 cm große Stücke schneiden.

Im Öl in der Pfanne die Zwiebel und die Paprikawürfel bei mittlerer Temperatur braten, bis das Gemüse weich ist. Knoblauch, Paprikapulver, Oregano und weißen Pfeffer zufügen und alles weitere 5 Minuten garen, beiseitestellen.

Den Backofen auf 240 °C vorheizen.

Die Kartoffeln schälen und in 1,5 × 1,5 cm große Würfel schneiden. In einer zweiten Pfanne das Olivenöl erhitzen und darin bei hoher Temperatur die Kartoffelwürfel knusprig braten, dann die Paprika-Zwiebel-Mischung zugeben. Alles mit Salz und Pfeffer würzen und abkühlen lassen.

Den Teig mit der Tomatensauce bestreichen. Die Kartoffeln mit der Paprika-Zwiebel-Mischung, den Käsemix und den Räucherspeck darauf verteilen.

Die Pizza 8 Minuten im Ofen backen. Herausnehmen, den Belag in der Mitte etwas zur Seite schieben, die Eier hineinschlagen und jeweils mit etwas schwarzem Pfeffer bestreuen. Weitere 6 Minuten im Ofen backen und vor dem Servieren mit der Petersilie garnieren.

Wenn Sie einen ausgewanderten Amerikaner fragen, was ihm am meisten fehlt, so wird er mit Sicherheit antworten: sein Frühstück! Das Einzige, was ihm zu dieser Pizza noch fehlte, ist ein großer Becher Kaffee.

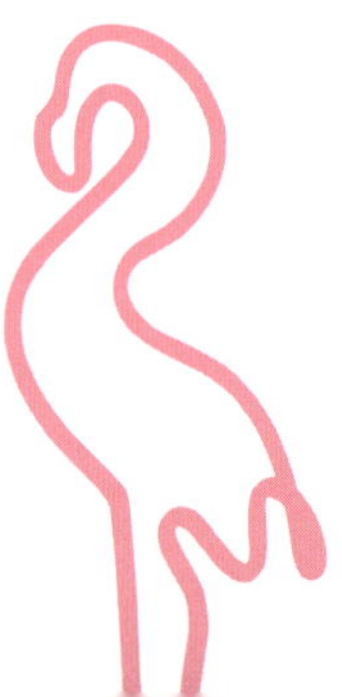

CAJUN-GARNELEN

FÜR 1 PIZZA
Vorbereitungszeit: 40 Minuten (plus Vorbereitungszeit für den Teig)
Backzeit: 20 Minuten

1 Pizzateig (s. S. 8)
1 Portion Käsemix (s. S. 14)
1 große Zwiebel
1 rote Paprikaschote, entkernt
1 grüne Paprikaschote, entkernt
30 g Butter
4 Knoblauchzehen, gehackt
1 Msp. Paprikapulver
1 Msp. gemahlener Rosmarin
1 Msp. gemahlener Thymian
1 Msp. gemahlener Oregano
1 Msp. weißer Pfeffer
1 Msp. schwarzer Pfeffer
1 Msp. Cayennepfeffer
6 große, rohe küchenfertige Garnelen (geschält und entdarmt)
Salz

Die Zwiebel und die Paprikaschoten in 1 × 1 cm große Würfel schneiden. In einem Topf bei niedriger Temperatur 10 g Butter zerlassen. Die Zwiebel, die Paprikaschoten und den Knoblauch zugeben. 20 Minuten garen und dabei regelmäßig umrühren. Zunächst nur jeweils 1 Prise der Gewürze zufügen, umrühren und bei etwas höherer Temperatur noch einmal 5 Minuten garen. Den Topf vom Herd nehmen und die restliche in kleine Stücke geschnittene Butter zugeben. Umrühren, mit Salz würzen und abkühlen lassen.

Den Backofen auf 240 °C vorheizen.

Die Garnelen jeweils in 3 gleich große Stücke schneiden. In eine Schale füllen und die zweite Prise der Gewürze zufügen. Die Garnelenstücke von allen Seiten in der Gewürzmischung wenden.

Auf dem Teig die Paprikamischung verteilen. Den Käsemix darüberstreuen und die Garnelen gleichmäßig auf der Pizza anordnen. Die Pizza 20 Minuten im Ofen backen und sofort servieren.

Vorsicht, die Gewürze werden Ihnen ziemlich einheizen. Die Cajun-Küche ist SEHR würzig!

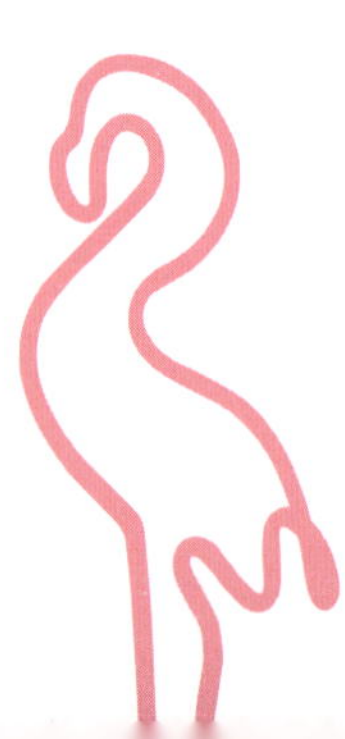

GEGRILLTE KÖFTE
UND GRIECHISCHER JOGHURT

FÜR 1 PIZZA
Vorbereitungszeit: 40 Minuten (plus Vorbereitungszeit für den Teig)
Backzeit: 20 Minuten

1 Pizzateig (s. S. 8)
30 g Tomatensauce (s. S. 11)
1 Portion Käsemix (s. S. 14)
1 große rote Paprikaschote
2 Knoblauchzehen, geschält
2 TL Granatapfelsirup
1 Handvoll Walnusskerne
100 ml Olivenöl
200 g Mascarpone
2 EL griechischer Joghurt
1 TL Tahin (Sesampaste)
1 TL Zitronensaft
1–2 TL gehackte glatte Petersilie
Salz und frisch gemahlener schwarzer Pfeffer

KÖFTE
1 Prise gemahlener Zimt
1 Prise gemahlener Kreuzkümmel
1 EL gehackte glatte Petersilie
1 Prise frisch gemahlener schwarzer Pfeffer
½ Zwiebel, gehackt
Saft von ½ Zitrone
150 g Lammhack

Den Backofen auf höchster Grillstufe vorheizen.

Die Paprikaschote auf dem Blech im Ofen rösten, bis die Haut schwarz wird und Blasen wirft. Zum Abkühlen in eine Schale legen und diese mit einem feuchten Tuch bedecken.

Für die Köfte in einer großen Schale alle Gewürze, die Zwiebel und den Zitronensaft mischen. Das Lammhack zufügen, alles mit den Händen mischen und kleine, flache Küchlein formen. Den Grill oder eine Grillpfanne auf höchster Stufe vorheizen. Die Köfte 2 Minuten von jeder Seite grillen.

Die Haut von der Paprikaschote abziehen, die Samen entfernen und das Fleisch in einen Mixer geben. Die Knoblauchzehen, den Granatapfelsirup, die Walnusskerne und etwas Pfeffer zufügen und alles zu einem Püree verarbeiten. Weitermixen und dabei langsam das Olivenöl angießen. Mit Salz und Pfeffer würzen. Diese Zubereitung zusammen mit dem Mascarpone in eine Schale geben. In einer anderen Schale den griechischen Joghurt mit Tahin und Zitronensaft mischen.

Den Teig mit der Mascarponemischung bestreichen. Den Käsemix darauf verteilen und die Köfte auf der Pizza anordnen. Die Pizza 20 Minuten im Ofen backen.

Vor dem Servieren einen großen Löffel Joghurt in die Mitte geben und mit gehackter Petersilie bestreuen.

Diese Pizza enthält alles, was es auf einem orientalischen Basar gibt – ein Aroma wie in Tausendundeiner Nacht!

RÄUCHERLACHS
UND KAVIAR VOM SEEHASEN

FÜR 1 PIZZA
Vorbereitungszeit: 5 Minuten (plus Vorbereitungszeit für den Teig)
Backzeit: 20 Minuten

1 Pizzateig (s. S. 8)
30 g Tomatensauce (s. S. 11)
1 Portion Käsemix (s. S. 14)
1 Prise getrockneter Oregano
3–4 Scheiben Räucherlachs
1 TL Kaviar vom Seehasen
1 EL Crème fraîche
1 Zitronenscheibe
1 TL fein gehackte glatte Petersilie

Den Backofen auf 240 °C vorheizen.

Den Teig mit der Tomatensauce bestreichen. Den Käsemix darauf verteilen und mit dem Oregano bestreuen.

Die Pizza 20 Minuten im Ofen backen. Vor dem Servieren die Räucherlachsscheiben darauf verteilen. Den Kaviarersatz und die Crème fraîche mit der Zitronenscheibe in der Mitte der Pizza anrichten.

Mit der Petersilie bestreuen.

Dies ist eine Lieblingspizza für Kinder – probieren Sie es einmal aus.

CAESAR SALAD
UND GEGRILLTE PUTENBRUST

FÜR 1 PIZZA
Vorbereitungszeit: 30 Minuten (plus Vorbereitungszeit für den Teig)
Backzeit: 20 Minuten

1 Pizzateig (s. S. 8)
30 g Tomatensauce (s. S. 11)
1 Portion Käsemix (s. S. 14)
½ Putenbrust
1 EL Olivenöl
1 Romana-Salatherz
20 g Parmesan, gehobelt
Salz und grob gemahlener schwarzer Pfeffer

VINAIGRETTE
1 Knoblauchzehe
1 Sardellenfilet, klein gehackt
1 Eigelb
1 TL Dijonsenf
1 TL Worcestersauce
1 TL Rotweinessig
Saft von ½ Zitrone
2 EL Sonnenblumenöl
1 EL geriebener Parmesan
Salz und frisch gemahlener schwarzer Pfeffer

Den Backofen auf 240 °C vorheizen.

Die Putenbrust mit einem Nudelholz sehr flach klopfen. Rundherum mit dem Olivenöl bestreichen und mit Salz und Pfeffer würzen. Die Putenbrust in einer Grillpfanne bei mittlerer Temperatur von beiden Seiten 2 Minuten braten.

Das Romana-Salatherz quer teilen und in etwa 6 cm große Stücke schneiden. Für die Vinaigrette den Knoblauch in einer Schale zu einer Paste zerdrücken, das Sardellenfilet zufügen. In einer weiteren Schale das Eigelb mit dem Senf und der Worcestersauce kräftig aufschlagen. Den Essig unter Rühren zufügen, dann den Zitronensaft zugeben. Unter ständigem Rühren das Sonnenblumenöl in einem dünnen Strahl angießen. Die Knoblauch-Sardellen-Paste zugeben und weiterschlagen. Mit Salz und Pfeffer abschmecken und nach Belieben nachwürzen.

Den Teig mit der Tomatensauce bestreichen. Den Käsemix darauf verteilen und die Pizza 20 Minuten im Ofen backen. Den Romana-Salat mit der Vinaigrette mischen und den geriebenen Parmesan zufügen. Die Putenbrust in dünne Streifen schneiden.

Vor dem Servieren den Salat und die Putenbruststreifen auf der Pizza verteilen. Mit den Parmesanhobeln bestreuen.

Die Salatsauce ist ausschlaggebend dafür, ob der Caesar Salad wirklich authentisch schmeckt. Wenn Sie sie einmal probiert haben, werden Sie nie mehr eine andere essen wollen.

BAGEL MIT RÄUCHERLACHS
UND FRISCHKÄSE

FÜR 1 PIZZA
Vorbereitungszeit: 10 Minuten (plus Vorbereitungszeit für den Teig)
Backzeit: 15 Minuten

1 Pizzateig (s. S. 8)
1 EL Olivenöl
1 EL Mohnsamen
¼ Salatgurke
2 gehäufte EL Frischkäse
1 Bund Schnittlauch, gehackt
1 grünes Salatblatt
2 Scheiben Ochsenherz-Tomaten
1 EL Kapern
1 EL gehackte rote Zwiebel
½ Zitrone
3 Scheiben Räucherlachs

Den Backofen auf 240 °C vorheizen.

Den Pizzateig zu einem Kreis von 18 bis 20 cm Durchmesser ausrollen und einen dicken Rand formen. Den Rand der Pizza etwa 3 cm breit mit Olivenöl einstreichen. Auf diesem geölten Pizzarand die Mohnsamen verteilen. Die Pizza 15 Minuten backen.

Die Gurke schälen, halbieren, entkernen und in feine Scheiben schneiden.

Vor dem Servieren den Frischkäse auf der Pizza verteilen und mit dem gehackten Schnittlauch bestreuen. Das Salatblatt neben der Pizza anrichten und darauf Gurke, Tomatenscheiben, Kapern, Zwiebel und Zitrone arrangieren. Den Räucherlachs auf die untere Pizzahälfte legen.

Okay, dies ist keine richtige Pizza … aber die traditionelle Kombination klassischer Zutaten auf dem Pizzaboden ist einfach köstlich, versprochen!

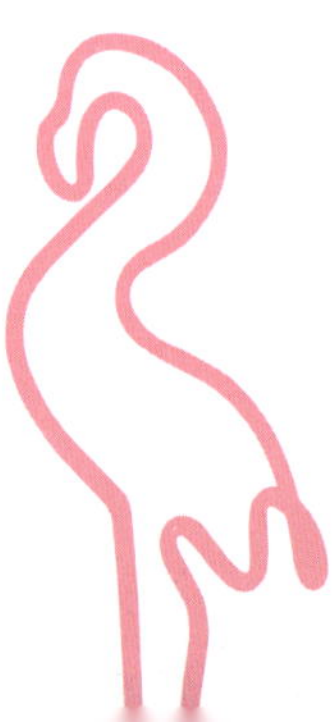

HACKFLEISCH
MEXIKANISCH

FÜR 1 PIZZA
Vorbereitungszeit: 1 Stunde (plus Vorbereitungszeit für den Teig)
Backzeit: 15 Minuten

1 Pizzateig (s. S. 8)
30 g Tomatensauce (s. S. 11)
250 g Rinderhack
½ grüne Paprikaschote, entkernt
1 kleine Zwiebel, gehackt
2 Knoblauchzehen, gehackt
1 TL Paprikapulver
½ TL gemahlener Kreuzkümmel
1½ TL Cayennepfeffer
1 Prise getrockneter Oregano
200 g Cheddar, gerieben
1 EL Crème fraîche
1 TL fein gehackte krause Petersilie
Salz und frisch gemahlener schwarzer Pfeffer

SALSA
5 Roma-Tomaten
1 rote Zwiebel
1 scharfe Chilischote, entkernt
1 kleines Bund Koriandergrün
Saft von 2 Limetten
3–10 Tropfen Tabasco
Salz

GUACAMOLE
2 reife Hass-Avocados
Saft von ½ Limette
1 kleine Knoblauchzehe, geschält
½ rote Zwiebel
1 TL gehacktes Koriandergrün
Salz

In einer Pfanne bei hoher Temperatur das Hackfleisch unter ständigem Rühren braten. Die Paprikaschote klein hacken. Zwiebel, gehackte Paprikaschote und Knoblauch dazugeben. Bei niedriger Temperatur 5 bis 10 Minuten weitergaren, bis die Zwiebel glasig ist, dabei häufig umrühren. Die Gewürze zufügen und bei niedriger Temperatur 10 Minuten köcheln lassen. Mit Salz und Pfeffer würzen.

Den Backofen auf 240 °C vorheizen.

Die Salsa zubereiten. Alle Zutaten putzen, sehr klein schneiden und in eine Schale geben. Den Limettensaft und den Tabasco zufügen und mit reichlich Salz würzen, um die Säure auszugleichen.

Den Teig mit der Tomatensauce bestreichen. Das Hackfleisch auf der Pizza verteilen und mit dem geriebenen Cheddar bestreuen. Die Pizza 15 Minuten im Ofen backen.

Währenddessen für die Guacamole die Avocados halbieren, entsteinen und das Fruchtfleisch herauslöffeln. In einer Schüssel mit dem Limettensaft mischen. Die Knoblauchzehe im Mörser zu einer Paste zerdrücken und in die Schüssel geben. Die rote Zwiebel fein würfeln und zufügen. Die Avocado vorsichtig mit den übrigen Zutaten zu einem Püree verarbeiten. Das Koriandergrün zufügen und mit Salz würzen.

Vor dem Servieren jeweils einen großen Löffel Salsa, Guacamole und Crème fraîche auf die Pizza setzen und mit Petersilie bestreuen.

Auf dieser Pizza kommen reichlich mexikanische Geschmacksrichtungen zusammen.

KREBSFLEISCH
UND SCHARFE AVOCADO-SALSA

FÜR 1 PIZZA
Vorbereitungszeit: 25 Minuten (plus Vorbereitungszeit für den Teig)
Backzeit: 20 Minuten

1 Pizzateig (s. S. 8)
100 g Krebsfleisch, fein gehackt oder püriert
200 g Mascarpone
gehacktes Grün von 4 Frühlingszwiebeln
150 g Cheddar, gerieben
1 Handvoll entsteinte schwarze Oliven
½ Avocado
1–2 TL gehacktes Koriandergrün
Salz und frisch gemahlener schwarzer Pfeffer

SCHARFE SALSA
1 extra-scharfe rote Chilischote (z. B. Habanero-Chili), entkernt
1 Roma-Tomate
¼ rote Zwiebel
Saft von 2 Limetten
Salz und frisch gemahlener schwarzer Pfeffer

Den Backofen auf 240 °C vorheizen.

Zunächst die scharfe Salsa zubereiten. Die Chilischote fein hacken. Die Tomate und die Zwiebel in sehr kleine Würfel schneiden und zusammen mit der Chilischote und dem Limettensaft in eine Schale geben. Mit Salz und Pfeffer würzen.

Das Krebsfleisch mit dem Mascarpone und den gehackten Frühlingszwiebeln mischen. Mit Salz und Pfeffer würzen und noch einmal gut umrühren.

Den Teig mit der Krebs-Mascarpone-Creme bestreichen und mit dem geriebenen Cheddar bestreuen. Die Oliven in Ringe schneiden und darauf verteilen.

Die Pizza 20 Minuten im Ofen backen. Währenddessen die Avocadohälfte der Länge nach in 6 dünne Scheiben schneiden. Vor dem Servieren die Avocadoscheiben auf der Pizza verteilen, einen großen Löffel Salsa in die Mitte geben und mit Koriandergrün bestreuen.

Manchmal führt der Appetit auf eine bestimmte Zutat oder eine besondere Kombination verschiedener Geschmacksrichtungen zu einem neuen Pizzarezept – lassen Sie Ihrer Kreativität freien Lauf!

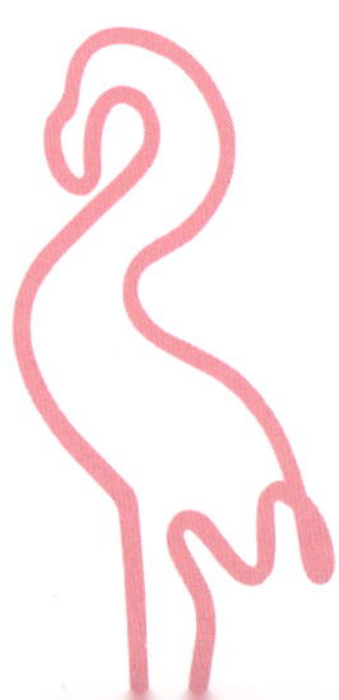

HACKFLEISCH
ASIATISCH

FÜR 1 PIZZA
Vorbereitungszeit: 35 Minuten (plus Vorbereitungszeit für den Teig)
Backzeit: 20 Minuten

1 Pizzateig (s. S. 8)
⅔ Portion Käsemix (s. S. 14)
1 Zwiebel, gehackt
1 EL Erdnussöl
200 g Schweinehack
1 EL Nuoc-mâm-Sauce (würzige Fischsauce aus dem Asialaden)
1 TL Sojasauce
2 Knoblauchzehen, gehackt
1 TL Zucker
2½ EL extra-scharfe Chilisauce (z. B. Sriracha-Sauce aus dem Asialaden)
2 Stängel Thai-Basilikum, fein gehackt
2 Stängel Thai-Schnittlauch, fein gehackt
100 g Mascarpone
5–6 Stängel Koriandergrün zum Garnieren

ROHKOSTSALAT
1 Möhre
10 Radieschen
150 ml Reisessig
1 Schuss Sesamöl
1 kleines Stück Salatgurke (5 cm)

Für den Salat Möhre und Radieschen putzen. Mit einem Gemüsehobel die Möhre und die Radieschen in feine Streifen schneiden. Mit dem Reisessig in eine Schüssel geben. Das Sesamöl zugeben, alles vermischen und ruhen lassen. Die Gurke waschen und in sehr feine Stücke schneiden.

Den Backofen auf 240 °C vorheizen.

In einer Pfanne die Zwiebel im Erdnussöl bei hoher Temperatur einige Minuten unter Rühren anbraten. Das Hackfleisch zufügen und alles 2 bis 3 Minuten bei weiterhin hoher Temperatur mischen. Die Temperatur etwas reduzieren und die Nuoc-mâm-Sauce, die Sojasauce, den gehackten Knoblauch, den Zucker, 2 EL von der extra-scharfen Chilisauce und das Thai-Basilikum zugeben. 5 Minuten köcheln lassen.

Den Thai-Schnittlauch in eine Schüssel geben. Mit dem Mascarpone und der restlichen extra-scharfen Chilisauce gut mischen.

Den Teig mit der Mascarpone-Creme bestreichen. Den Käsemix und die Hackfleischmischung darauf verteilen.

Die Pizza 20 Minuten im Ofen backen. Vor dem Servieren den gut abgetropften Rohkostsalat mittig auf die Pizza geben und die Gurkenstücke darauf anrichten. Mit Koriandergrün garnieren.

Mit vielen Zutaten aus der asiatischen Küche können Sie auch eine Pizza belegen und diese Pizza ist ein prima Beispiel dafür. Das sauer eingelegte Gemüse ist ein schöner Gegenpol zum deftigen Hackfleisch.

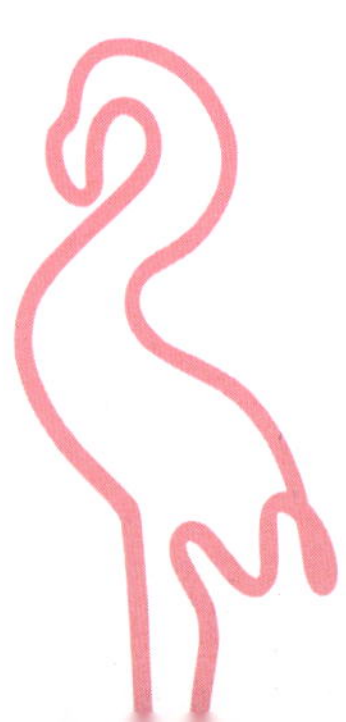

FRANZÖSISCHE PIZZAS

mal ganz anders

ENTENBRUST, APFEL
UND ZIEGENKÄSE

FÜR 1 PIZZA
Vorbereitungszeit: 30 Minuten (plus Vorbereitungszeit für den Teig)
Backzeit: 20 Minuten

1 Pizzateig (s. S. 8)
30 g Tomatensauce (s. S. 11)
⅔ Portion Käsemix (s. S. 14)
½ Entenbrust
1 Apfel (Granny Smith)
100 g Ziegenkäse, in große Stücke geschnitten
1 Prise getrockneter Oregano
1–2 TL gehackte glatte Petersilie
Meersalz und frisch gemahlener schwarzer Pfeffer

Den Backofen auf 240 °C vorheizen.

Die Entenbrust großzügig mit einer Schicht Meersalz und Pfeffer würzen. Eine Pfanne erhitzen, dann die Temperatur reduzieren und die Entenbrust mit der Fettseite nach unten in die Pfanne legen. 15 Minuten garen, bis das Fett austritt (nicht zu lange garen!). Die Entenbrust ist fertig, wenn oben auf dem Fleisch Saft austritt.

Den Apfel in 8 Spalten schneiden und das Kerngehäuse entfernen.

Den Teig mit der Tomatensauce bestreichen. Den Käsemix und den Ziegenkäse darauf verteilen. Die Apfelspalten kreisförmig auf der Pizza anordnen und alles mit Oregano bestreuen. Die Pizza 20 Minuten im Ofen backen.

Währenddessen die Entenbrust in 8 dünne Scheiben schneiden. Vor dem Servieren die Entenbrustscheiben auf die Pizza legen (die Hitze der Pizza gart das Fleisch zu Ende) und mit Petersilie bestreuen.

Fette, saftige Ente mit Granny-Smith-Äpfeln – hier ist das perfekte Gleichgewicht zwischen zwei Zutaten gelungen.

ACHT KÄSESORTEN

FÜR 1 PIZZA
Vorbereitungszeit: 5 Minuten (plus Vorbereitungszeit für den Teig)
Backzeit: 30 Minuten

1 Pizzateig (s. S. 8)
30 g Tomatensauce (s. S. 11)
1 Portion Käsemix (s. S. 14)
1 Scheibe Cantal (feinwürziger französischer Rohmilchkäse)
1 Scheibe Parmesan
1 Scheibe Maroilles (kräftiger französischer Kuhmilchkäse)
1 Scheibe Brie de Meaux
1 Scheibe Roquefort
1 Scheibe Gorgonzola
1 Scheibe Ziegenkäse
1 Scheibe Mozzarella
1–2 TL sehr fein gehackte krause Petersilie

Den Backofen auf 240 °C vorheizen.

Den Teig mit der Tomatensauce bestreichen und den Käsemix gleichmäßig darauf verteilen.

Die Pizza 10 Minuten im Ofen halbfertig backen.

Die 8 Käsescheiben kreisförmig auf der Pizza anordnen. Die Pizza noch einmal 20 Minuten im Ofen backen. Vor dem Servieren mit der Petersilie bestreuen.

4 Käsesorten = köstlich.
8 Käsesorten = doppelt so köstlich!

HERBSTTROMPETEN,
SPECK UND COGNAC

FÜR 1 PIZZA
Vorbereitungszeit: 25 Minuten (plus Vorbereitungszeit für den Teig)
Backzeit: 20 Minuten

1 Pizzateig (s. S. 8)
1⅓ Portion Käsemix (s. S. 14)
20 g Butter
1 kleine Schalotte, fein gehackt
150 g Herbsttrompeten (alternativ andere aromatische Pilze), geputzt
1 Schuss Cognac
100 g Sahne
3 Scheiben durchwachsener Speck
2 EL Crème fraîche
1–2 TL sehr fein gehackte krause Petersilie
Salz und frisch gemahlener schwarzer Pfeffer

Den Backofen auf 240 °C vorheizen.

In einer Pfanne die Butter bei hoher Temperatur zerlassen und die Schalotte darin 1 Minute anbraten, dann die Pilze zugeben. Mit Salz und Pfeffer würzen. Unter Rühren 2 bis 3 Minuten weitergaren. Den Cognac zufügen, dann die Sahne angießen und alles bei mittlerer Temperatur 5 Minuten unter Rühren einkochen lassen.

In einer zweiten Pfanne den durchwachsenen Speck anbraten und das Fett auslassen. Auf Küchenpapier abtropfen lassen.

Den Teig mit der Crème fraîche bestreichen und mit dem Käsemix bestreuen. Die Herbsttrompeten und den durchwachsenen Speck auf der Pizza verteilen. Die Pizza 20 Minuten im Ofen backen. Vor dem Servieren mit der Petersilie bestreuen.

Wir verwenden Herbsttrompeten, weil sie geschmacksintensiv sind und schon wenige davon genügen. Sie können sich alternativ aber auch ganz nach Belieben für in Scheiben geschnittene Champignons entscheiden.

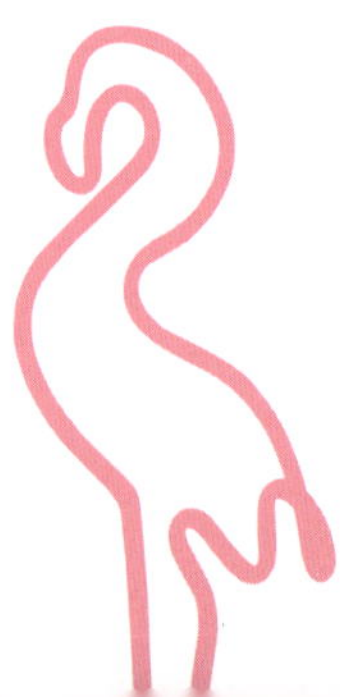

FEIGEN, ZIEGENKÄSE,
HONIG UND PISTAZIEN

FÜR 1 PIZZA
Vorbereitungszeit: 5 Minuten (plus Vorbereitungszeit für den Teig)
Backzeit: 20 Minuten

1 Pizzateig (s. S. 8)
30 g Tomatensauce (s. S. 11)
⅓ Portion Käsemix (s. S. 14)
2 frische Feigen
120 g frischer Ziegenkäse (möglichst Sainte-Maure)
1 EL Pistazien
Kräuter der Provence nach Belieben
1 EL flüssiger Honig

Den Backofen auf 240 °C vorheizen.

Die Feigen der Länge nach in 0,5 bis 1 cm dicke Scheiben schneiden. Den Ziegenkäse in 6 Scheiben teilen. Die Pistazien mit einem Messer grob hacken.

Den Teig mit der Tomatensauce bestreichen. Den Käsemix und die Käsescheiben darauf verteilen und mit den Kräutern der Provence bestreuen. Die Feigenscheiben zwischen den Käsescheiben anordnen und die Pistazien über die ganze Pizza verteilen.

Die Pizza 20 Minuten im Ofen backen. Vor dem Servieren den Honig mit einem Löffel gleichmäßig auf die Pizza träufeln.

Diese Pizza ist sowohl hübsch anzusehen als auch köstlich und ganz einfach zuzubereiten. Sehr reife, süße Früchte schmecken am besten.

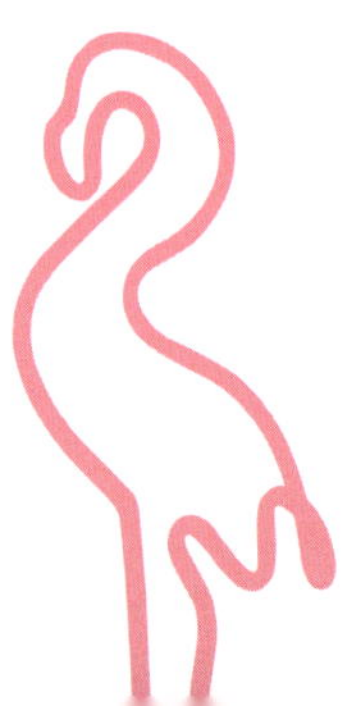

GEGRILLTE SARDINEN
UND RATATOUILLE

FÜR 1 PIZZA
Vorbereitungszeit: 30 Minuten (plus Vorbereitungszeit für den Teig)
Backzeit: 15 Minuten

1 Pizzateig (s. S. 8)
⅓ Portion Käsemix (s. S. 14, aber diese Pizza schmeckt auch ohne Käse sehr gut)
3 EL Olivenöl
1 Zwiebel, in 1 × 1 cm große Würfel geschnitten
1 kleine Aubergine, in 1 × 1 cm große Würfel geschnitten
2 Knoblauchzehen, gehackt
je ½ rote und grüne Paprikaschote, entkernt, in 1 × 1 cm große Stücke geschnitten
1 Zucchini, in 1 × 1 cm große Würfel geschnitten
30 g stückige Tomaten aus der Dose
1 TL getrockneter Thymian
6 mittelgroße ausgenommene Sardinen ohne Gräten
1 Bund Basilikum
Salz und frisch gemahlener schwarzer Pfeffer

Den Backofen auf 240 °C vorheizen.

In einem kleinen Topf 2 EL Olivenöl erhitzen und darin die Zwiebel anbraten. Unter Rühren 5 Minuten garen. Die Aubergine zufügen und weitere 5 Minuten unter Rühren garen. Den Knoblauch, die Paprikaschoten, die Zucchini und die Tomaten zugeben. Alles 5 Minuten köcheln lassen, dabei ständig rühren, damit nichts ansetzt. Zum Schluss den Thymian zufügen und die Ratatouille mit Salz und Pfeffer würzen.

Den Teig mit der Ratatouille bestreichen. Falls die Pizza mit Käse zubereitet wird, den Käsemix darauf verteilen. Die Pizza 15 Minuten im Ofen backen.

Währenddessen die Sardinen mit Öl bestreichen und mit Salz und Pfeffer würzen. In einer bei hoher Temperatur erhitzten Grillpfanne die Sardinen auf der Hautseite 1 bis 2 Minuten grillen. Wenden und 1 weitere Minute grillen. (Tipp des Küchenchefs: Die Sardinen nicht zu lange grillen, weil sie sonst etwas zu trocken werden!)

Das Basilikum waschen und trocken schütteln, in Streifen schneiden. Vor dem Servieren die Sardinen blütenförmig mit der Hautseite nach unten auf der Pizza anordnen. Mit Basilikum bestreuen.

Diese Pizza sollte zum Standard aller Pizzerias gehören. Sie verbindet perfekt die südliche Küche Frankreichs und Italiens. Garen Sie das Gemüse ruhig nur al dente!

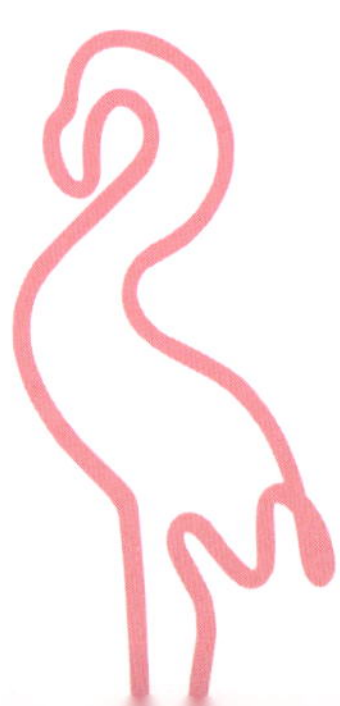

ENTE
UND POCHIERTE BIRNEN

FÜR 1 PIZZA
Vorbereitungszeit: 85 Minuten (plus 1 Nacht Ruhezeit im Kühlschrank sowie Vorbereitungszeit für den Teig)
Backzeit: 20 Minuten

1 Pizzateig (s. S. 8)
½ Dose weiße Bohnen (200 g)
200 g Mascarpone
1 Msp. Kräuter der Provence
2 eingemachte Entenkeulen (erhältlich im Feinkostladen als »Confit de Canard«)
1 EL Pinienkerne
6 Scheiben Cantal (feinwürziger französischer Rohmilchkäse)
1 Handvoll Feldsalat, geputzt
Salz und frisch gemahlener schwarzer Pfeffer

POCHIERTE BIRNEN
2 Birnen
50 g Zucker
40 ml Rotwein
Saft und abgeriebene Schale von ½ unbehandelten Zitrone
20 g frische Ingwerwurzel, geschält
10 schwarze Pfefferkörner
5 Gewürznelken
2 Lorbeerblätter
2 TL Honig

VINAIGRETTE
1 TL Senf
1 TL Weinessig
2 EL Olivenöl
Salz und frisch gemahlener schwarzer Pfeffer

Für die pochierten Birnen am Vortag die Birnen schälen, in Viertel schneiden und die Kerngehäuse entfernen. Alle Zutaten (außer den Birnen) in einem Topf unter Rühren zum Kochen bringen. Die Temperatur reduzieren, die Birnen zufügen und 45 Minuten garen. Falls nötig, etwas Wasser zugeben. Die Birnen in eine Schale legen. Die Kochflüssigkeit reduzieren und eindicken lassen. Über die Früchte gießen und eine Nacht kalt stellen.

Den Backofen auf 240 °C vorheizen.

Die weißen Bohnen abspülen und abtropfen lassen. Mit einer Gabel zerdrücken, den Mascarpone und die Kräuter der Provence zufügen. Alles mischen und mit Salz und Pfeffer würzen.

Das Entenfleisch von den Knochen lösen, zerzupfen und beiseitestellen. Die Birnen aus dem Kühlschrank nehmen. Die Pinienkerne in einer Pfanne ohne Fett einige Minuten rösten.

Den Teig mit der Mascarpone-Bohnen-Creme bestreichen. Das Entenfleisch und den Cantal darauf verteilen. Die Pizza 20 Minuten im Ofen backen.

Währenddessen den Feldsalat mit der Vinaigrette anmachen. Die Birnenviertel in dünne Scheiben schneiden. Vor dem Servieren den Feldsalat mittig auf die Pizza setzen, die Birnenscheiben darum herum anordnen und den Salat mit den Pinienkernen bestreuen.

Ente und weiße Bohnen verstehen sich von selbst, aber Wein in ein Pizzarezept zu integrieren, ist gar nicht so einfach. Aber dieses Ergebnis überzeugt.

RACLETTE

FÜR 1 PIZZA
Vorbereitungszeit: 20 Minuten (plus Vorbereitungszeit für den Teig)
Backzeit: 20 Minuten

1 Pizzateig (s. S. 8)
30 g Tomatensauce (s. S. 11)
2 kleine festkochende Kartoffeln, abgebürstet
180 g Raclettekäse
1 Msp. Kräuter der Provence
2 Scheiben gekochter Schinken
2 Scheiben Ringsalami
2 Scheiben Landrauchschinken
5–6 Cornichons
1 Silberzwiebel zum Garnieren
Salz

Den Backofen auf 240 °C vorheizen.

In einem großen Topf mit Salzwasser die Kartoffeln 10 Minuten kochen, dann vierteln. Den Raclettekäse in 6 Scheiben schneiden.

Den Teig mit der Tomatensauce bestreichen. Die Käsescheiben darauf verteilen und die Kräuter der Provence darüberstreuen. Die Kartoffeln gleichmäßig auf der Pizza verteilen. Die Pizza 20 Minuten im Ofen backen.

Vor dem Servieren alle Schinken- und Wurstscheiben aufrollen, sternförmig auf der Pizza anordnen und die Cornichons in die Mitte legen. Mit einer Silberzwiebel garnieren.

Dieses Rezept versetzt Sie auf der Stelle direkt in die Alpen!

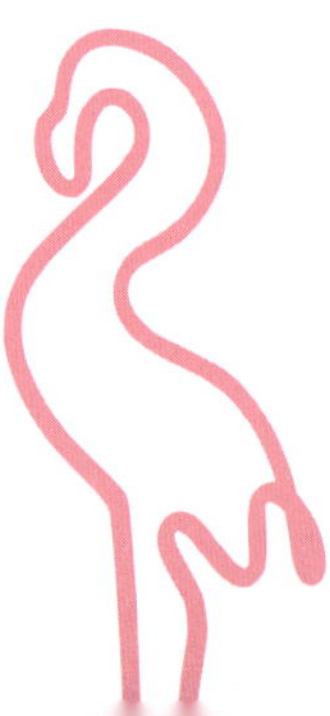

KARTOFFELAUFLAUF,
RÄUCHERSPECK UND REBLOCHON

FÜR 1 PIZZA
Vorbereitungszeit: 30 Minuten (plus Vorbereitungszeit für den Teig)
Backzeit: 20 Minuten

1 Pizzateig (s. S. 8)
4–5 festkochende Kartoffeln
1 EL Olivenöl
1 Zwiebel, fein gehackt
100 g Räucherspeckwürfel
50 ml Weißwein
200 g Sahne
150 g Reblochon (französischer nussig-cremiger Schnittkäse)
2 EL Crème fraîche
2–3 TL gehackte glatte Petersilie

Den Backofen auf 240 °C vorheizen.

Die Kartoffeln waschen und in dünne Scheiben schneiden. In einer Pfanne das Olivenöl bei mittlerer Temperatur erwärmen. Die Zwiebel und die Speckwürfel darin 7 bis 8 Minuten braten, bis die Zwiebel weich wird.

Bei hoher Temperatur noch 1 Minute weitergaren. Dann die Kartoffeln in die heiße Pfanne geben und alles 1 weitere Minute braten. Dabei die Pfanne schwenken, damit der Speck und die Kartoffeln sich gut mischen.

Den Weißwein angießen und 1 Minute kochen lassen, dann die Sahne zugeben, umrühren und auf mittlere Temperatur herunterschalten. Alles 5 Minuten köcheln lassen. Den Reblochon in Scheiben schneiden.

Den Teig mit der Crème fraîche bestreichen. Die Kartoffel-Speck-Mischung gleichmäßig auf der Pizza verteilen. Die Reblochon-Scheiben mit jeweils 3 cm Abstand so darauflegen, dass sie in eine Richtung zeigen. Die Pizza 20 Minuten im Ofen backen. Vor dem Servieren mit Petersilie bestreuen.

Das Geheimnis dieser Pizza besteht darin, die Zutaten zusammen zu garen, bevor man sie auf der Pizza anrichtet.

ENTENBRUST,
KARTOFFEL UND CANTAL

FÜR 1 PIZZA
Vorbereitungszeit: 25 Minuten (plus Vorbereitungszeit für den Teig)
Backzeit: 20 Minuten

1 Pizzateig (s. S. 8)
30 g Tomatensauce (s. S. 11)
⅓ Portion Käsemix (s. S. 14)
1 große Kartoffel
150 ml Olivenöl
Kräuter der Provence nach Belieben
1 kleine Zwiebel, fein gewürfelt
120 g eingelegtes Gänse- oder Entenfleisch, zerzupft (alternativ Entenrillette aus der Dose)
2 Knoblauchzehen, gehackt
120 g Cantal (feinwürziger französischer Rohmilchkäse)
75 g Räucherspeckwürfel
6 feine Scheiben geräucherte Entenbrust
2–3 TL fein gehackte glatte Petersilie
Salz und frisch gemahlener schwarzer Pfeffer

Die Kartoffel in 2 × 2 cm große Würfel schneiden. In einer Pfanne das Olivenöl erhitzen und darin bei mittlerer Temperatur die Kartoffelwürfel braten, bis sie knusprig sind. In eine Schale geben und mit den Kräutern der Provence bestreuen, abschmecken.

Den Backofen auf 240 °C vorheizen.

Dann 1 EL Olivenöl aus der Pfanne nehmen, den Rest weggießen und den 1 EL Öl wieder in die Pfanne geben. Die Zwiebel, das Geflügelfleisch, den Knoblauch sowie Salz und Pfeffer zufügen und bei mittlerer Temperatur 5 Minuten garen, dabei regelmäßig umrühren. Den Cantal in 6 gleich große Scheiben schneiden.

Den Teig mit der Tomatensauce bestreichen. Den Käsemix, die Geflügelfleischmischung, die Speckwürfel und die Kartoffeln auf der Pizza verteilen. Zum Schluss die Cantalscheiben darauflegen.

Die Pizza 20 Minuten im Ofen backen. Vor dem Servieren die Entenbrustscheiben auf der Pizza verteilen und mit Petersilie garnieren.

Da diese Pizza ziemlich würzig ist, servieren Sie am besten einen knackigfrischen Salat dazu.

BLUTWURST
UND APFELKOMPOTT

FÜR 1 PIZZA
Vorbereitungszeit: 45 Minuten (plus Vorbereitungszeit für den Teig)
Backzeit: 20 Minuten

1 Pizzateig (s. S. 8)
2 Äpfel
2 EL Zucker
125 g Ziegenkäse
80 g Blutwurst
35 g Walnusskerne, grob gehackt
2–3 TL fein gehackte glatte Petersilie

Die Äpfel schälen, von den Kerngehäusen befreien und in Würfel schneiden. Die Apfelstücke mit dem Zucker 30 Minuten bei niedriger Temperatur in einem verschlossenen Topf weich köcheln, dabei regelmäßig umrühren. Vom Herd nehmen und im Mixer zu einem Kompott verarbeiten.

Den Backofen auf 240 °C vorheizen.

Den Ziegenkäse in Stücke und die Blutwurst in 12 dünne Scheiben schneiden.

Den Teig mit dem Apfelkompott bestreichen und mit dem Ziegenkäse belegen. Die Walnusskerne und die Blutwurstscheiben auf der Pizza verteilen. Die Pizza 20 Minuten im Ofen backen und mit der Petersilie bestreuen.

Das Apfelkompott als Grundlage einer herzhaften Pizza schmeckt äußerst angenehm und die Süße gleicht die reichhaltige Blutwurst perfekt aus. Diese Pizza ist ein leckeres Herbstgericht, schmeckt aber zu jeder Jahreszeit.

ROHER SCHINKEN
UND MELONENSALSA

FÜR 1 PIZZA
Vorbereitungszeit: 20 Minuten (plus Vorbereitungszeit für den Teig)
Backzeit: 15 Minuten

1 Pizzateig (s. S. 8)
⅔ Portion Käsemix (s. S. 14)
2 EL Crème fraîche
120 g frischer Ziegenkäse (Sainte-Maure)
1 TL Kräuter der Provence
150 g roher Schinken, in feine Streifen geschnitten

MELONENSALSA
¼ Melone
¼ rote Paprikaschote, entkernt
¼ rote Zwiebel
1 TL Olivenöl
1 TL Balsamicoessig
1 TL Piment d'Espelette
Salz
12 Basilikumblätter

Für die Salsa das Melonenfleisch von der Schale schneiden, entkernen und in dünne Stäbchen schneiden. Die Paprikaschote in schmale Streifen schneiden, die Zwiebel schälen und in kleine Würfel schneiden. In einer Schüssel die Melone mit der Paprikaschote und der Zwiebel mischen. Das Olivenöl und den Balsamicoessig dazugießen und die Salsa mit Piment d'Espelette und Salz würzen. Alles gut mischen.

Den Backofen auf 240 °C vorheizen.

Den Teig mit der Crème fraîche bestreichen. Den Käsemix darauf verteilen. Den Ziegenkäse in 8 Scheiben schneiden. Eine dünne Schicht Kräuter der Provence auf einen kleinen Teller geben. Die Ziegenkäsescheiben mit einer Seite darauflegen und mit der Kräuterseite nach oben auf der Pizza anordnen. Die Pizza 15 Minuten im Ofen backen.

Etwa 5 Minuten vor dem Ende der Backzeit die Basilikumblätter grob hacken und zur Salsa geben. Vor dem Servieren den rohen Schinken auf der Pizza verteilen und einen großen Löffel Salsa in die Mitte geben.

Das Duo Schinken und Melone ist ein Klassiker. Bei einer Pizza kommt es allerdings auf die Art der Zubereitung an – in dieser herzhaft-süß-scharfen Variante schmeckt die Kombination besonders gut.

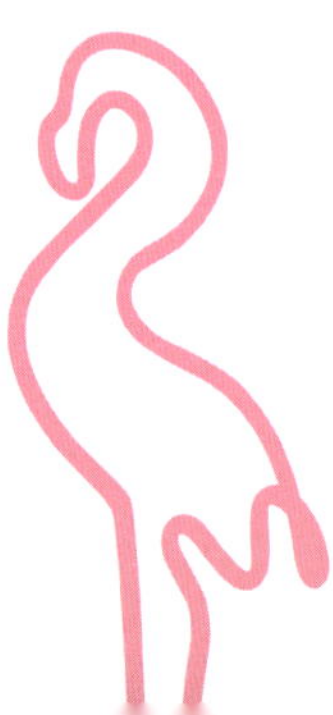

RINDERSTEAK
UND SCHALOTTEN

FÜR 1 PIZZA
Vorbereitungszeit: 50 Minuten (plus Vorbereitungszeit für den Teig)
Backzeit: 20 Minuten

1 Pizzateig (s. S. 8)
1 Portion Käsemix (s. S. 14)
50 g Butter
500 g Schalotten, in sehr feine Scheiben geschnitten
200 ml Essig
500 ml Rotwein
2 TL Zucker
200 g Rindersteak aus dem Bauchlappen
2 TL Dijonsenf
2 TL Crème fraîche
1–2 TL fein gehackte glatte Petersilie
grobes Meersalz und frisch gemahlener schwarzer Pfeffer

In einem Topf bei mittlerer Temperatur die Butter zerlassen. Die Schalotten darin 5 Minuten anschwitzen, bis sie weich werden. Den Essig, den Rotwein und den Zucker zufügen. Bei niedriger Temperatur 20 bis 25 Minuten sämig einkochen lassen und beiseitestellen.

Den Backofen auf 240 °C vorheizen.

Das Fleisch großzügig mit Salz und Pfeffer würzen. Das Steak in einer Grillpfanne bei hoher Temperatur je nach Dicke etwa 5 Minuten von beiden Seiten (blutig) grillen.

In einer kleinen Schüssel den Senf und die Crème fraîche mischen.

Den Teig mit der Senfcreme bestreichen. Den Käsemix darauf verteilen und die Pizza 20 Minuten im Ofen backen. Währenddessen das Rindersteak in 6 bis 8 dünne Scheiben schneiden.

Vor dem Servieren die Fleischscheiben auf die Pizza legen und mit Meersalz bestreuen. Einen großen Löffel der Rotwein-Schalotten in die Mitte geben. Mit Petersilie bestreuen.

Diese Pizza ist – nicht nur – etwas für Anhänger der französischen Bistroküche und alle Fleischfans.

KANINCHEN
MIT SENF

FÜR 1 PIZZA
Vorbereitungszeit: 75 Minuten (plus 2 Stunden Ruhezeit für die Kaninchenschenkel sowie Vorbereitungszeit für den Teig)
Backzeit: 20 Minuten

1 Pizzateig (s. S. 8)
1 Portion Käsemix (s. S. 14)
3 Kaninchenschenkel
3 EL Dijonsenf
1 haselnussgroßes Stück Butter
1 Zwiebel, in feine Scheiben geschnitten
50 ml Weißwein
1 EL körniger Senf
3 EL Crème fraîche
6 Stängel Estragon, 4 Stängel fein, 2 grob gehackt
Salz und frisch gemahlener schwarzer Pfeffer

Die Kaninchenschenkel in einer dünnen Schicht mit etwa 2 EL Dijonsenf bestreichen. Mit Salz und Pfeffer würzen. In Klarsichtfolie wickeln und 2 Stunden im Kühlschrank kalt stellen.

Den Backofen auf 240 °C vorheizen. Die Kaninchenschenkel aus der Folie nehmen, auf ein Backblech legen und 35 Minuten im Ofen garen.

In einem Topf bei mittlerer Temperatur die Butter zerlassen und die Zwiebel zufügen. Hin und wieder umrühren und währenddessen das Kaninchenfleisch von den Knochen lösen. Wenn die Zwiebel weich ist, die Fleischstücke und den Weißwein zugeben. Den Wein in etwa 5 Minuten auf die Hälfte einkochen lassen. Den übrigen Dijonsenf und den körnigen Senf zufügen und unterrühren, dann 1 EL Crème fraîche und den fein gehackten Estragon zugeben. Unter Rühren noch 10 Minuten bei niedriger Temperatur weiterköcheln lassen. Mit Salz und Pfeffer würzen und abkühlen lassen.

Den Teig mit 2 EL Crème fraîche bestreichen. Das Kaninchenfleisch mit der Sauce gleichmäßig auf der Pizza anordnen und den Käsemix darüber verteilen. Die Pizza 20 Minuten im Ofen backen. Vor dem Servieren mit den übrigen Estragonstängeln garnieren.

Es dauert einen Moment, das Kaninchenfleisch von den Knochen zu lösen, diese köstliche Pizza ist aber den Zeitaufwand in jedem Fall wert!

DE-LUXE-PIZZAS

mal ganz anders

JAKOBSMUSCHELN
UND WASABI

FÜR 1 PIZZA
Vorbereitungszeit: 30 Minuten (plus Vorbereitungszeit für den Teig)
Backzeit: 20 Minuten

1 Pizzateig (s. S. 8)
8 Jakobsmuscheln
200 g Mascarpone
1 TL Wasabi
1 TL Sesamöl
1 TL schwarze Sesamkörner
2–3 Stängel Schnittlauch zum Garnieren

SAUCE
250 ml Sojasauce
2 EL Rohrzucker
2–3 EL frisch gepresster Orangensaft
2 EL Zitronensaft
1 EL Mirin (süßer japanischer Reiswein)
1 Prise Cayennepfeffer

In einem kleinen Topf die Sojasauce und den Zucker bei mittlerer Temperatur auf die Hälfte einkochen lassen. Den Topf vom Herd nehmen, Orangensaft, Zitronensaft, Mirin und Cayennepfeffer unterrühren. Kalt stellen.

Den Backofen auf 240 °C vorheizen.

Die Jakobsmuscheln jeweils in 2 Scheiben schneiden und 30 Sekunden bei hoher Temperatur in einer Grillpfanne von einer Seite grillen.

Den Mascarpone mit dem Wasabi mischen.

Den Teig mit der Mascarpone-Wasabi-Mischung bestreichen. Den Rand der Pizza mit dem Sesamöl etwa 2,5 cm breit bestreichen. Die Sesamkörner auf den eingeölten Rand streuen.

Die Pizza 15 Minuten im Ofen backen. Die Jakobsmuscheln auf der Pizza verteilen und noch einmal 5 Minuten weiterbacken. Vor dem Servieren die Sauce in Linien auf der Pizza verteilen und mit dem Schnittlauch garnieren.

Eine Pizza mit Zutaten aus der japanischen Küche? Wasabi und Sojasauce waren die Inspiration, dazu wunderbare Jakobsmuscheln.

PATA NEGRA,
PFIFFERLINGE UND WACHTELEIER

FÜR 1 PIZZA
Vorbereitungszeit: 20 Minuten (plus Vorbereitungszeit für den Teig)
Backzeit: 15–20 Minuten

1 Pizzateig (s. S. 8)
30 g Tomatensauce (s. S. 11)
1 große Handvoll Pfifferlinge
1 haselnussgroßes Stück Butter
½ Schalotte, gehackt
3 Scheiben Pata-Negra-Schinken
120 g Trüffelcamembert
3 Wachteleier
Salz und frisch gemahlener schwarzer Pfeffer

Den Backofen auf 240 °C vorheizen.

Die Pilze putzen und in feine Scheiben schneiden. In einem Topf die Butter zerlassen und darin die Schalotte bei hoher Temperatur 1 Minute anbraten. Die Pfifferlinge zufügen und 5 Minuten mitbraten, dabei regelmäßig umrühren. Mit Salz und Pfeffer würzen.

Den Teig mit der Tomatensauce bestreichen. Die Pfifferlinge und die Schinkenscheiben darauf verteilen. Die Pizza 10 Minuten im Ofen backen.

Den Camembert in 6 Scheiben schneiden und auf die Pizza legen, dann die Wachteleier darüber aufschlagen. Noch einmal mindestens 5 Minuten weiterbacken und sofort servieren.

Mit diesen Zutaten der Extraklasse wird die Pata-Negra-Pizza zur Königin aller Pizzas.

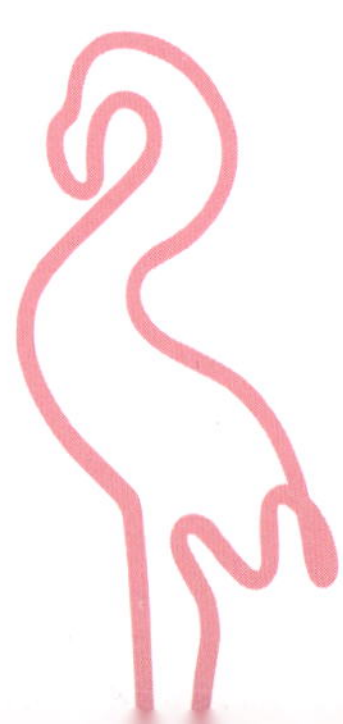

HUMMER
UND ZUCCHINIBLÜTEN

FÜR 1 PIZZA
Vorbereitungszeit: 50 Minuten (plus Vorbereitungszeit für den Teig)
Backzeit: 15 Minuten

1 Pizzateig (s. S. 8)
1 Portion Käsemix (s. S. 14)
1 kleiner vorgegarter Hummer
1 Bund Basilikum
200 g Mascarpone
1 rote Paprikaschote
1 TL Olivenöl
40 g Butter
5–6 Safranfäden
Sonnenblumenöl zum Frittieren
150 g Mehl
1 Flasche kaltes Bier (0,33 l)
3 Zucchiniblüten
Salz und frisch gemahlener schwarzer Pfeffer

Den Backofengrill auf höchster Stufe vorheizen. Das Hummerfleisch herauslösen und in kleine Stücke schneiden.

Das Basilikum waschen, trocken schütteln, die Blätter abzupfen und in sehr feine Streifen schneiden. In einer Schüssel unter den Mascarpone mischen.

Die Paprikaschote auf dem Backblech im Ofen grillen, bis die Haut schwarz wird und Blasen wirft. Aus dem Ofen nehmen und abkühlen lassen. Die Haut abziehen, Stielansatz, Samen und Scheidewände entfernen und das Fleisch der Länge nach in dünne Streifen schneiden. Die Paprikastreifen mit 1 TL Olivenöl, Salz und Pfeffer mischen.

Den Teig mit der Mascarpone-Basilikum-Creme bestreichen. Den Käsemix, die Paprikastreifen und die Hummerstücke darauf verteilen. Die Pizza 15 Minuten im Ofen backen.

In einem kleinen Topf die Butter mit den Safranfäden bei niedriger Temperatur zerlassen.

In einem weiteren Topf das Sonnenblumenöl auf 180 °C erhitzen; wenn sich an einem hineingehaltenen Holzlöffelstiel Blasen bilden, ist es heiß genug. In einer größeren Schüssel das Mehl mit einer Prise Salz und dem Bier etwas verquirlen, aber nicht zu sehr. Die Zucchiniblüten in diesen Teig tauchen. Herausnehmen, abtropfen lassen und im Öl knusprig frittieren. Auf Küchenpapier abtropfen lassen.

Die Pizza aus dem Ofen nehmen. Einige Tropfen von der Safranbutter auf die Hummerstücke träufeln. Die Zucchiniblüten auf der Pizza anrichten und servieren.

Trotzen Sie kritischen Bemerkungen, es sei frevelhaft, etwas so Feines wie Hummer auf eine Pizza zu legen. Hier ist der Gegenbeweis – es schmeckt einfach fantastisch!

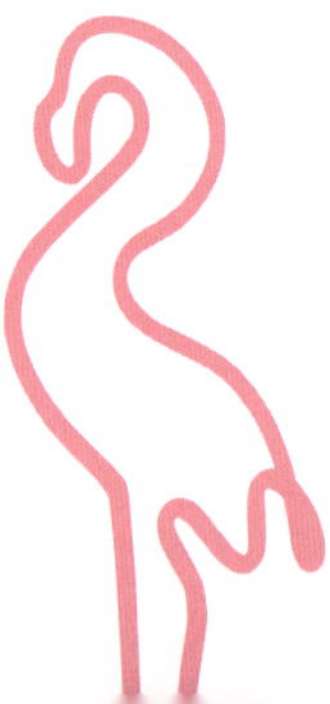

ALLTAGS-PIZZAS*

mal ganz anders

*Hier ein paar »Alltagspizzas« – das sind Pizzas, die aus Familiengerichten entstanden sind, die manchmal in großen Mengen gekocht werden. Oft bleibt etwas übrig, das auf einer Pizza noch einmal so gut schmeckt. Hier geben wir einige Anregungen, wie man viele leckere Dinge zu Pizzabelag umfunktionieren kann.

CHILI-CALAMARI
SCHRITT FÜR SCHRITT

FÜR 4 PERSONEN
Vorbereitungszeit: 15 Minuten
Garzeit: 5 Minuten

¼ Fenchelknolle
1 rote Zwiebel
8 Scheiben Coppa (luftgetrocknete italienische Schinkenspezialität)
6 Knoblauchzehen, geschält
3 getrocknete Tomaten
3 EL Olivenöl
1 gute Msp. Chiliflocken
250 g Calamari
Salz und frisch gemahlener schwarzer Pfeffer

Den Fenchel und die rote Zwiebel in 1 × 1 cm große Würfel, die Coppa in lange dünne Streifen schneiden. Den Knoblauch hacken und die getrockneten Tomaten in dünne Streifen schneiden.

In einer Pfanne das Olivenöl erhitzen und darin die Coppa mit den Chiliflocken bei hoher Temperatur 1 Minute anbraten. Die Temperatur reduzieren, die Fenchel- und Zwiebelwürfel zugeben und 1 Minute mitbraten. Den Knoblauch und die getrockneten Tomaten zufügen und umrühren. Die Calamari dazugeben und alles unter ständigem Rühren 3 Minuten garen, bis die Calamari fest, aber nicht zu gar sind, dann abschmecken.

Diese Calamari schmecken köstlich zu Nudeln, zum Beispiel zu Linguine.

CALAMARI
UND SALSA VERDE

FÜR 1 PIZZA
Vorbereitungszeit: 10 Minuten (plus Vorbereitungszeit für den Teig)
Backzeit: 20 Minuten

1 Pizzateig (s. S. 8)
30 g Tomatensauce (s. S. 11)
⅓ des Chili-Calamari-Rezeptes (s. S. 102)
2 EL geriebener Pecorino
12 grüne Oliven

SALSA VERDE
1 Handvoll frische Oreganoblätter
1 Handvoll frische Minzeblätter
1 Handvoll frische glatte Petersilienblätter
1 EL frische Thymianblätter
1 TL körniger Senf
1 EL Weinessig
100 ml Olivenöl

Den Backofen auf 240 °C vorheizen.

Für die Salsa verde alle Zutaten bis auf das Olivenöl im Mixer zerkleinern. Das Olivenöl in einem dünnen Strahl zugießen und dabei weitermixen: Die Sauce muss flüssig sein.

Den Teig mit der Tomatensauce bestreichen. Die Calamari-Zubereitung gleichmäßig darauf verteilen, mit dem Pecorino bestreuen und die Oliven daraufsetzen. Die Pizza 20 Minuten im Ofen backen.

Vor dem Servieren die Salsa verde gitterförmig auf die Pizza gießen.

Mediterrane Zutaten bester Qualität und ein wenig Arbeit …, aber es lohnt sich, denn diese Pizza ist unglaublich lecker!

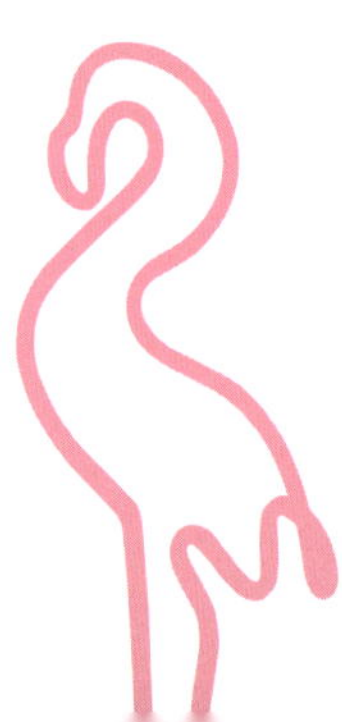

WÜRZIGES GRILLHÄHNCHEN
SCHRITT FÜR SCHRITT

FÜR 8 PERSONEN
Vorbereitungszeit: 15 Minuten (plus 4 Stunden Marinierzeit)
Garzeit: 4 Minuten

1 Frühlingszwiebel, gehackt
2 Knoblauchzehen, gehackt
½ Zwiebel, gehackt
2 extra-scharfe Chilischoten (z. B. Habanero-Chili), entkernt und gehackt
1 EL Limettensaft
1 EL Sojasauce
1½ EL Olivenöl
1 TL Rohrzucker
2 TL frische Thymianblätter
1 TL gemahlener Piment
½ TL frisch geriebene Muskatnuss
1 Prise gemahlener Zimt
½ TL gemahlene Gewürznelken
1 Stängel Koriandergrün
3 TL Salz
1 TL schwarzer Pfeffer
8 Hähnchenbrustfilets

Alle Zutaten bis auf die Hähnchenbrustfilets miteinander im Mixer pürieren. Das Hähnchenfleisch zusammen mit der Gewürzpaste in einen Gefrierbeutel geben und 4 Stunden im Kühlschrank kalt stellen.

Das Fleisch aus der Marinade nehmen und bei hoher Temperatur in einer Grillpfanne 3 bis 5 Minuten auf jeder Seite scharf grillen.

Die Hähnchenbrustfilets in Würfel schneiden.

Um das Hähnchen noch stärker zu würzen, das Fleisch noch heiß in kleine Würfel schneiden und zusammen mit dem Rest der Marinade aus dem Gefrierbeutel in ein Gefäß geben. Als Beilage zu diesem Gericht schmecken Reis oder schwarze Bohnen.

WÜRZIGES GRILLHÄHNCHEN
UND MANGO-SALSA

FÜR 1 PIZZA
Vorbereitungszeit: 20 Minuten (plus Vorbereitungszeit für den Teig)
Backzeit: 20 Minuten

1 Pizzateig (s. S. 8)
1 Portion Käsemix (s. S. 14)
150 g würziges Grillhähnchen (s. S. 106)
70 g rote Bohnen
100 g Mascarpone
Salz und frisch gemahlener schwarzer Pfeffer

MANGO-SALSA
1 reife Mango, geschält und entsteint
¼ rote Zwiebel
¼ rote Paprikaschote, entkernt
1–2 TL gehacktes Koriandergrün
1 EL Limettensaft
1 Stängel Koriandergrün zum Garnieren

Den Backofen auf 240 °C vorheizen.

Für die Mango-Salsa die Mango, die Zwiebel und die Paprikaschote in kleine Stücke schneiden. Alles mit dem Koriandergrün und dem Limettensaft mischen.

Die roten Bohnen mit einer Gabel zerdrücken. Den Mascarpone, Salz und Pfeffer zufügen und alles gut mischen.

Den Teig mit dem Bohnenmus bestreichen. Den Käsemix und das Hähnchenfleisch darauf verteilen. Die Pizza 20 Minuten im Ofen backen.

Vor dem Servieren 1 EL Mango-Salsa in die Mitte geben. Mit dem Koriandergrün bestreuen und garnieren.

Viele Rezepte entstanden aus der Lust, Obst und Gemüse der Saison zu verarbeiten. In diesem Fall sind es wunderschöne Mangos in einer süß-sauren Salsa als Gegengewicht zu den Gewürzen des Hähnchens.

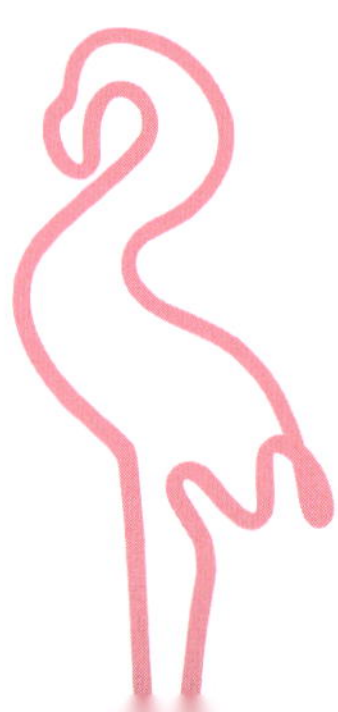

KUBANISCHES SCHWEINEFLEISCH SCHRITT FÜR SCHRITT

FÜR 4 PERSONEN
Vorbereitungszeit: 10 Minuten (plus 8 Stunden Marinierzeit)
Garzeit: 3 Stunden 15 Minuten

1½ kg Schweinenacken ohne Knochen
12 Knoblauchzehen
Saft von 3 Limetten
1 EL Kreuzkümmelsamen
1 EL Meersalz
1 EL zerstoßene schwarze Pfefferkörner
3 Frühlingszwiebeln, in dünne Scheiben geschnitten
1 EL gehacktes Koriandergrün

Den Schweinenacken an vier Stellen mit einem Messer einschneiden und in einen Gefrierbeutel legen. Die Knoblauchzehen zerdrücken und mit dem Limettensaft, dem Kreuzkümmel, dem Meersalz, dem Pfeffer und den Frühlingszwiebeln in den Beutel geben. Alles mischen, den Beutel gut verschließen und 8 Stunden zum Marinieren kalt stellen.

Den Backofen auf 180 °C vorheizen. Das Fleisch in eine nicht zu große ofenfeste Form legen. 3 Stunden bei 180 °C garen.

Vor dem Servieren 150 ml des ausgetretenen Bratensafts in einen Topf füllen. Einige Scheiben vom Fleisch (etwa 150 g) abschneiden und in kleine Würfel für die Pizza schneiden. Zu dem Bratensaft geben.

Das klein geschnittene Fleisch bei niedriger Temperatur 15 Minuten köcheln lassen. Das Koriandergrün unterrühren.

Vorschläge für Beilagen zu diesem Gericht:
Reis, rote Bohnen, frittierte Kochbananen.

KUBANISCHES SCHWEINEFLEISCH UND KOCHBANANEN

FÜR 1 PIZZA
Vorbereitungszeit: 15 Minuten (plus Vorbereitungszeit für den Teig)
Backzeit: 20 Minuten

1 Pizzateig (s. S. 8)
30 g Tomatensauce (s. S. 11)
1 Portion Käsemix (s. S. 14)
150 g kubanisches Schweinefleisch (s. S. 110)
Sonnenblumenöl zum Frittieren
1 reife Kochbanane, in dünne Scheiben geschnitten
1 Stängel Koriandergrün zum Garnieren

Den Backofen auf 240 °C vorheizen.

Den Teig mit der Tomatensauce bestreichen. Das Schweinefleisch und den Käsemix darauf verteilen. Die Pizza 20 Minuten im Ofen backen.

Währenddessen das Öl in einem Topf erhitzen; wenn sich an einem hineingehaltenen Holzlöffelstiel Blasen bilden, ist es heiß genug. Die Kochbananenscheiben im heißen Fett frittieren. Auf Küchenpapier abtropfen lassen.

Vor dem Servieren die Bananenscheiben auf der Pizza verteilen und mit Koriandergrün garnieren.

Dieses Schweinefleisch schmeckt als Pizza-Belag fast noch besser als in seiner traditionellen Zubereitung!

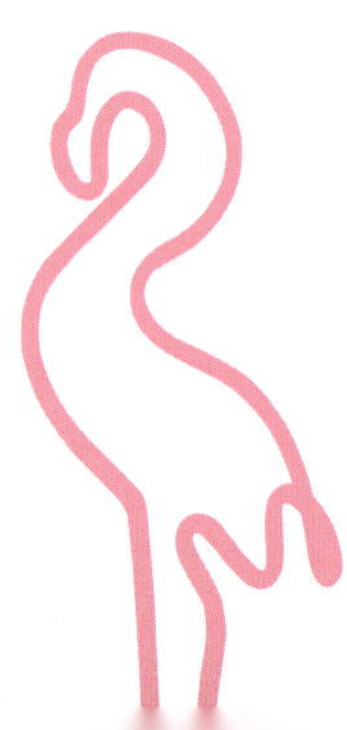

HACKFLEISCH MIT KARTOFFELPÜREE SCHRITT FÜR SCHRITT

FÜR 4 PERSONEN
Vorbereitungszeit: 20 Minuten
Garzeit: 45 Minuten

100 g mehligkochende Kartoffeln
30 g Butter
300 g Crème légère
½ Sellerieknolle
½ Möhre
½ Zwiebel
1 Knoblauchzehe
1 Zweig Thymian
1 TL Mehl
150 g krümelig gebratenes Hackfleisch
Salz und frisch gemahlener schwarzer Pfeffer

Die Kartoffeln schälen und in mundgerechte Würfel schneiden. In leicht gesalzenem Wasser 20 Minuten kochen, dann sollten sie weich sein. Abgießen und durch ein feines Sieb passieren oder durch den feinen Einsatz der Kartoffelpresse drücken. Die Hälfte der Butter und die Crème légère zugeben, mit Salz und Pfeffer würzen.

Den Sellerie, die Möhre, die Zwiebel und den Knoblauch putzen und klein schneiden. Den Thymianzweig waschen, trocken schütteln und die Blätter abzupfen. In einer Pfanne bei mittlerer Temperatur die andere Hälfte der Butter zerlassen. Das Gemüse und den Thymian darin 15 Minuten braten und regelmäßig umrühren. Das Mehl unterrühren. Das Hackfleisch zufügen, gut mischen und alles mit Salz und Pfeffer abschmecken, falls nötig, nachwürzen. Braten, bis das Hackfleisch krümelig und gar ist.

Es lohnt sich in jedem Fall, etwas mehr einzukaufen. Was Sie nicht für die Pizzas brauchen, überbacken Sie einfach im Ofen.

KARTOFFELPÜREE
UND PARMESAN

FÜR 1 PIZZA
Vorbereitungszeit: 5 Minuten (plus Vorbereitungszeit für den Teig)
Backzeit: 15 Minuten

1 Pizzateig (s. S. 8)
30 g Tomatensauce (s. S. 11)
2/3 Portion Käsemix (s. S. 14)
150 g Hackfleisch (s. S. 114)
300 g Kartoffelpüree (s. S. 114)
20 g Parmesan, gerieben
1–2 TL fein gehackte glatte Petersilie

Den Backofen auf 240 °C vorheizen.

Den Teig mit der Tomatensauce bestreichen. Das Hackfleisch und den Käsemix darauf verteilen.

Mit einem Spritzbeutel oder einem Löffel das Kartoffelpüree in Rosetten oder Nocken auf die Pizza geben und den Parmesan darüberstreuen.

Die Pizza 15 Minuten im Ofen backen und vor dem Servieren mit der Petersilie bestreuen.

Diese Pizza ist tatsächlich ungewöhnlich und relativ aufwendig in der Zubereitung. Aber es lohnt sich, denn sie schmeckt köstlich und das ist das Einzige, was zählt!

RINDERKOTELETT MIT GEMÜSE SCHRITT FÜR SCHRITT

FÜR 4 PERSONEN
Vorbereitungszeit: 15 Minuten (plus 30 Minuten Ruhezeit)
Garzeit: 1 Stunde 45 Minuten

2½ kg Rinderkoteletts mit Knochen
2 EL Olivenöl
8 festkochende Kartoffeln
4 Möhren
4 weiße Rüben
150 g grüne Bohnen
1 Knoblauchknolle
2 Zweige frischer Thymian, die Blätter abgezupft
Salz und frisch gemahlener schwarzer Pfeffer

Den Backofen auf 220 °C vorheizen.

Das Fleisch kräftig mit Salz und Pfeffer würzen. In einer Pfanne bei hoher Temperatur 1 EL Olivenöl erhitzen. Die Koteletts darin von beiden Seiten anbraten und bräunen.

Die Kartoffeln schälen und vierteln, die Möhren schälen und in Scheiben schneiden. Die Rüben schälen und in Würfel schneiden. Die Bohnen in etwa 4 cm lange Stücke schneiden. Das Gemüse nebeneinander mit dem Knoblauch und dem restlichen Olivenöl in eine große ofenfeste Form geben und mit Salz, Pfeffer und Thymian würzen.

Das Fleisch dazugeben und alles 15 Minuten im Ofen garen. Die Temperatur auf 160 °C herunterschalten und 75 Minuten weitergaren. 30 Minuten abkühlen lassen.

Dieses Gericht mit dem köstlichen gerösteten Gemüse kann zu einem klassischen Sonntagsessen avancieren, so wie es in Großbritannien als »Sunday Roast« bereits üblich ist.

RINDERKOTELETT
MIT GEMÜSE UND CHEDDAR

FÜR 1 PIZZA
Vorbereitungszeit: 10 Minuten (plus Vorbereitungszeit für den Teig)
Backzeit: 15 Minuten

1 Pizzateig (s. S. 8)
6–7 Scheiben Rinderkotelett und Gemüse (s. S. 118)
1 kleiner Rettich
2 EL Crème fraîche
150 g weißer Cheddar, gerieben
1–2 TL fein gehackte glatte Petersilie

Den Backofen auf 240 °C vorheizen.

Den Rettich schälen, in kleine Stücke schneiden und mit der Crème fraîche mischen.

Den Teig mit der Rettich-Crème-fraîche bestreichen. Den Cheddar darauf verteilen und die verschiedenen Gemüsesorten auf der einen Hälfte der Pizza anordnen. Die Pizza 15 Minuten im Ofen backen.

Vor dem Servieren die Kotelettscheiben auf die andere Hälfte der Pizza legen – die frisch aus dem Ofen kommende Pizza erwärmt das Fleisch. Mit Petersilie bestreut servieren.

Wenn Sie möchten, können Sie das Rinderkotelett auch durch eine andere Fleischsorte ersetzen. Das Wichtigste ist, diese Pizza zusammen mit der Familie oder Freunden zu essen.

OSSOBUCO
SCHRITT FÜR SCHRITT

FÜR 6–8 PERSONEN
Vorbereitungszeit: 20 Minuten
Garzeit: 2 Stunden 15 Minuten

8 Kalbshachsen (alternativ dicke Beinscheiben)
1 große Handvoll Mehl zum Bestäuben
5 EL Olivenöl
50 g Butter
120 g Möhren
120 g Sellerie
250 g Zwiebeln
6 Knoblauchzehen, gehackt
240 ml Weißwein
120 ml Rotwein
6 Zweige frischer Thymian
1 Lorbeerblatt
6 Stängel frischer Salbei
350 g stückige Tomaten aus der Dose
1 TL abgeriebene Schale von 1 unbehandelten Orange
700 ml Geflügelbrühe
Salz und frisch gemahlener schwarzer Pfeffer

Das Kalbfleisch in eine Schüssel legen, mit Salz und Pfeffer würzen und mit Mehl bestäuben. In einem großen Topf bei hoher Temperatur das Olivenöl und 20 g Butter erhitzen. Das überflüssige Mehl vom Kalbfleisch abschütteln und das Fleisch von allen Seiten im heißen Fett anbraten. Das Fleisch herausnehmen.

Die Möhren, den Sellerie und die Zwiebeln putzen, in Würfel schneiden und zusammen mit den Knoblauchzehen und der restlichen Butter in den Topf geben. Alles 10 Minuten garen. Den Weißwein und den Rotwein angießen und auf die Hälfte einkochen lassen. Die Kräuter zu einem Bouquet garni zusammenbinden und zusammen mit dem Kalbfleisch, den Tomaten und der Orangenschale in den Topf geben, dann die Geflügelbrühe dazugießen, die das Fleisch mindestens 2 cm bedecken sollte. Abgedeckt 2 Stunden bei niedriger Temperatur köcheln lassen.

Wenn das Fleisch weich ist und sich von den Knochen lösen lässt, den Topf vom Herd nehmen und das Fleisch auf eine Platte legen. Die Sauce bei mittlerer bis hoher Temperatur sämig einkochen lassen und über das Fleisch gießen.

Zu diesem Gericht passt gut eine cremige Polenta als Beilage.

OSSOBUCO
UND PECORINO

FÜR 1 PIZZA
Vorbereitungszeit: 15 Minuten (plus Vorbereitungszeit für den Teig)
Backzeit: 20 Minuten

1 Pizzateig (s. S. 8)
30 g Tomatensauce (s. S. 11)
200 g Ossobuco-Fleisch (s. S. 122)
120 g Pecorino, gerieben
1 kleiner Knochen zum Garnieren
1 Zweig Rosmarin zum Garnieren
3–4 TL fein gehackte glatte Petersilie

Den Backofen auf 240 °C vorheizen.

Das Fleisch in 2 × 2 cm große Würfel schneiden. Den Teig mit der Tomatensauce bestreichen. Das Kalbfleisch darauf verteilen und mit Pecorino bestreuen. Die Pizza 20 Minuten im Ofen backen.

Falls ein kleines Knochenstück von der Kalbshachse übrig ist, dieses vor dem Servieren mittig auf die Pizza setzen und mit Rosmarin garnieren. Mit gehackter Petersilie bestreuen.

Ossobuco ist so zart, dass es auf der Zunge zergeht. Herrlich ist auch die Sauce, die man mit einem Stück Brot vom Teller auftunkt. Bei der Ossobuco-Pizza braucht man noch nicht einmal das Stück Brot!

WILDSCHWEINRAGOUT
SCHRITT FÜR SCHRITT

FÜR 4 PERSONEN
Vorbereitungszeit: 20 Minuten
Garzeit: 3 Stunden 20 Minuten

4 Sardellen
2½ kg Wildschweinfleisch, in große Würfel geschnitten
100 g Mehl
3 EL Olivenöl
6 Scheiben durchwachsener Speck, in kleine Stücke geschnitten
2 große Zwiebeln, gehackt
10 Knoblauchzehen, gehackt
2 TL Cayennepfeffer
200 g stückige Tomaten aus der Dose
5 getrocknete Tomaten
500 ml Rotwein
2 EL Rotweinessig
4 Lorbeerblätter
6 Wacholderbeeren
6 Gewürznelken
1 Zimtstange
1 Handvoll frische Salbeiblätter
1 Handvoll frische Oreganoblätter
Salz und frisch gemahlener schwarzer Pfeffer

Die Sardellen in einem Mörser zerdrücken. Das Fleisch unter kaltem Wasser abspülen, trocken tupfen und im Mehl wälzen.

In einem großen Topf das Olivenöl bei hoher Temperatur erhitzen und darin das Fleisch von allen Seiten (eventuell in mehreren Etappen) kräftig bräunen, aus dem Topf nehmen und beiseitestellen. Den durchwachsenen Speck und die Zwiebeln in den Topf geben. 5 Minuten unter Rühren braten, bis die Zwiebeln weich werden. Den Knoblauch und den Cayennepfeffer zufügen und 2 bis 3 Minuten mitkochen lassen. Die Temperatur reduzieren. Alle übrigen Zutaten (bis auf den Salbei und den Oregano), die zerdrückten Sardellen sowie das Fleisch in den Topf geben. Alles abgedeckt 2 Stunden bei niedriger Temperatur garen, dabei regelmäßig umrühren.

Nach 2 Stunden den Salbei und den Oregano zufügen. Den Deckel abnehmen und 1 weitere Stunde köcheln lassen, bis das Fleisch so weich ist, dass es sich mit einer Gabel zerfasern lässt. Mit Salz und Pfeffer würzen.

Das Wildschweinragout mit Nudeln servieren, aber 150 g zurückbehalten, um am nächsten Tag die Pizza damit zuzubereiten.

Als Nudelsorte eignen sich Orecchiette (Öhrchennudeln) besonders gut zu diesem Gericht.

WILDSCHWEINRAGOUT
UND PECORINO

FÜR 1 PIZZA
Vorbereitungszeit: 10 Minuten (plus Vorbereitungszeit für den Teig)
Backzeit: 20 Minuten

1 Pizzateig (s. S. 8)
30 g Tomatensauce (s. S. 11)
150 g Wildschweinragout (s. S. 126)
2 EL geriebener Pecorino
1–2 TL fein gehackte glatte Petersilie

Den Backofen auf 240 °C vorheizen.

Den Teig mit der Tomatensauce bestreichen. Das Wildschweinragout darauf verteilen und mit dem Pecorino bestreuen. 20 Minuten im Ofen backen. Vor dem Servieren mit der Petersilie garnieren.

Der Duft, der bei der Zubereitung des Wildschweinragouts aus der Küche strömt, ist unbeschreiblich und vielschichtig. Und er entfaltet sich aufs Neue verführerisch, wenn Sie diese Pizza backen.

LAMMKEULE
SCHRITT FÜR SCHRITT

FÜR 4 PERSONEN
Vorbereitungszeit: 30 Minuten (plus 1 Stunde Marinierzeit)
Garzeit: 1 Stunde 50 Minuten

1 Lammkeule
1 Bund frischer Oregano
6 Knoblauchzehen, gehackt
abgeriebene Schale und Saft von 1 unbehandelten Zitrone
5 EL Olivenöl
grobes Salz
zerstoßene schwarze Pfefferkörner

Die Lammkeule mehrfach über Kreuz einschneiden. Den Oregano waschen, trocken schütteln und hacken. In einer kleinen Schüssel mit dem Knoblauch und der abgeriebenen Zitronenschale (1 TL von der Schale zurückbehalten), dem Olivenöl, Salz und Pfeffer mischen. Die Lammkeule damit rundherum bestreichen und 1 Stunde ruhen lassen.

Den Backofen auf 220 °C vorheizen.

Das Lammfleisch 20 Minuten im Ofen garen, dann die Temperatur auf 160 °C herunterschalten und das Fleisch weitere 75 bis 90 Minuten garen. Aus dem Ofen nehmen und 10 Minuten ruhen lassen.

Etwa 150 g Fleisch für die Pizza zurückbehalten, die übrige Lammkeule schmeckt gut mit Röstkartoffeln. Dazu die gegarten Kartoffeln in kleine Würfel schneiden und mit dem Bratensaft der Lammkeule mischen.

LAMM
AUF GRIECHISCHE ART

FÜR 1 PIZZA
Vorbereitungszeit: 15 Minuten (plus Vorbereitungszeit für den Teig)
Backzeit: 20 Minuten

1 Pizzateig (s. S. 8)
30 g Tomatensauce (s. S. 11)
⅔ Portion Käsemix (s. S. 14)
150 g Lammkeule (s. S. 130)
1 rote Paprikaschote, entkernt
1 grüne Paprikaschote, entkernt
1 kleine rote Zwiebel
1 EL Olivenöl
1 Prise getrockneter Oregano
1 TL Rotweinessig
¼ Salatgurke
1 TL fein gehackter frischer Dill (und 1 kleiner Dillzweig zum Garnieren)
50 g griechischer Joghurt
100 g Feta, zerbröckelt
12 schwarze griechische Oliven
Salz und frisch gemahlener schwarzer Pfeffer

Die Paprikaschoten in 1 × 1 cm große Würfel schneiden. Die Zwiebel schälen und fein hacken. Beides mit dem Olivenöl, dem Oregano und dem Essig mischen. Mit Salz und Pfeffer würzen.

Die Gurke putzen, der Länge nach halbieren und in dünne Scheiben schneiden. Mit dem Dill mischen. Den griechischen Joghurt zufügen und nochmals gut mischen.

Den Backofen auf 240 °C vorheizen.

Den Teig mit der Tomatensauce bestreichen. Den Käsemix, das klein geschnittene Lammfleisch, den Feta und die Oliven darauf verteilen. Die Pizza 20 Minuten im Ofen backen.

Vor dem Servieren die Paprika-Zwiebel-Mischung auf der Pizza verteilen. Einen Löffel Gurken mit Joghurt in die Mitte geben und mit Dill garnieren.

Die verschiedenen Geschmacksrichtungen dieser Pizza sind klassisch, aber was sie zu einer echten Schlemmerpizza macht, ist die Mischung aus heiß und kalt, butterweich und knusprig, sahnig und zart. Manchmal schmeckt ein einziger Bissen nach allem zugleich.

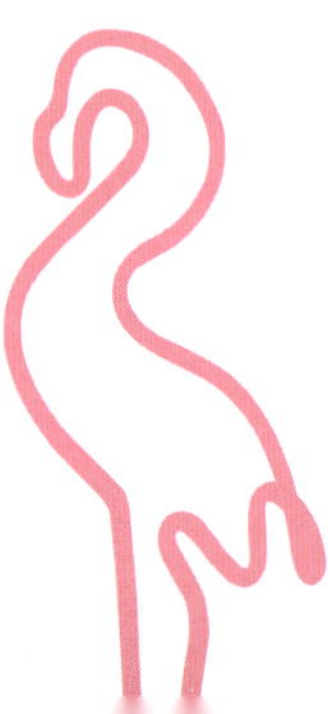

SÜSSE PIZZAS

mal ganz anders

CRUMBLE, PFIRSICH
UND HONIG

FÜR 1 PIZZA
Vorbereitungszeit: 45 Minuten (plus 1 Stunde Ruhezeit für die Teigkrümel sowie Vorbereitungszeit für den Teig)
Backzeit: 20 Minuten

1 Pizzateig (s. S. 8)
5 Pfirsiche
80 g Rohrzucker
1 EL Honig
75 g Butter
100 g Mehl

Die Pfirsiche schälen, entsteinen und in 2 × 2 cm große Würfel schneiden. In einem geschlossenen Topf bei niedriger Temperatur 5 Minuten garen. Den Deckel abnehmen, 30 g Zucker und den Honig zufügen und 20 Minuten offen weitergaren.

Den Backofen auf 100 °C vorheizen.

Inzwischen für den Crumble in einem Topf bei niedriger Temperatur die Butter zerlassen. Den Topf vom Herd nehmen und das Mehl sowie die restlichen 50 g Zucker zur Butter hinzufügen. Alles zu einem krümeligen Teig vermischen.

Ein Blech mit Backpapier auslegen. Darauf den krümeligen Crumble-Teig geben und 20 Minuten backen. Das Blech aus dem Ofen nehmen und abkühlen lassen. Dann die Teigkrümel 1 Stunde in den Kühlschrank stellen.

Den Backofen nun auf 240 °C vorheizen.

Auf dem Pizzateig die Pfirsichzubereitung gleichmäßig verteilen und mit dem Crumble-Teig bedecken. Die Pizza 20 Minuten im Ofen backen.

Eine neue Crumble-Variante – diese lässt sich ohne Löffel essen!

APFEL
UND CALVADOS

FÜR 1 PIZZA
Vorbereitungszeit: 30 Minuten (plus Vorbereitungszeit für den Teig)
Backzeit: 20 Minuten

1 Pizzateig (s. S. 8)
3 Äpfel (Gala, alternativ eine andere saftig-süße Sorte)
150 g Zucker
1 Schuss Calvados

Die Äpfel von den Kerngehäusen befreien, in 2 × 2 cm große Würfel schneiden und ohne Fett in einem verschlossenen Topf 15 Minuten bei niedriger Temperatur garen. Hin und wieder umrühren.

Etwa zwei Drittel der Apfelwürfel aus dem Topf nehmen und beiseitestellen. Den Zucker (bis auf 1 EL) zu den übrigen Apfelwürfeln im Topf hinzufügen und 5 Minuten bei hoher Temperatur unterrühren, bis ein Püree von fast sirupartiger Konsistenz entsteht.

Den Backofen auf 240 °C vorheizen.

Den Teigrand leicht mit Wasser befeuchten und mit dem übrigen Zucker bestreuen. Das Apfelpüree gleichmäßig auf der Pizza verteilen und die Apfelstücke darübergeben. Die Pizza 20 Minuten im Ofen backen.

Die Pizza aus dem Ofen nehmen, sofort einen Schuss Calvados darübergeben, flambieren und servieren.

Auf die »Oooohs« und »Aaaaahs« der Gäste, wenn Sie diese Pizza am Tisch flambieren, können Sie sich schon bei der Zubereitung freuen!

NUSSNUGAT

FÜR 1 PIZZA
Vorbereitungszeit: 5 Minuten (plus Vorbereitungszeit für den Teig)
Backzeit: 15 Minuten

1 Pizzateig (s. S. 8)
2 EL Nussnugatcreme
3 TL Puderzucker

Den Backofen auf 240 °C vorheizen.

Den Teig etwas dicker als normalerweise ausrollen und mit einer Gabel einstechen.

Die Pizza 10 bis 15 Minuten im Ofen backen, der Teig sollte nur gerade eben gar sein. Die Pizza aus dem Ofen nehmen. Dick mit der Nussnugatcreme bestreichen. Puderzucker darüberstreuen und servieren.

Extrem lecker und absolut süchtig machend – halten Sie Abstand, wenn Sie auf Diät sind!

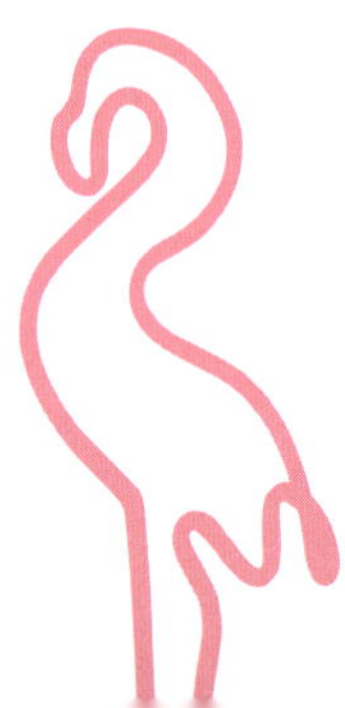

REZEPTVERZEICHNIS

Pizzateig 8
Saucen 10
Käsemix 14
Scharfe Öle 16

ITALIENISCHE PIZZAS

Roma-Tomaten und Basilikum 20
Rucola, Parmesan und Balsamicoessig 22
Gorgonzola, Feige und roher Schinken 24
Coppa und marinierter Spargel 26
Gegrilltes Gemüse und Pecorino-Crumble 28
Calzone mit Würstchen und Paprika 30
Weißer Spargel und Kirschtomaten 32
Würstchen, Scamorza und Rucola 34

INTERNATIONALE PIZZAS

Gegrillte Aubergine und Hummus 38
Gegrillte Pute und Salbei-Haselnuss-Pesto 40
Szechuan-Hähnchen und Cashewnüsse 42
Schinken und Ananas-Chutney 44
Räucherspeck, Bratkartoffeln und Spiegelei 46
Cajun-Garnelen 48
Gegrillte Köfte und griechischer Joghurt 50
Räucherlachs und Kaviar vom Seehasen 52
Caesar Salad und gegrillte Putenbrust 54
Bagel mit Räucherlachs und Frischkäse 56
Hackfleisch mexikanisch 58
Krebsfleisch und scharfe Avocado-Salsa 60
Hackfleisch asiatisch 62

FRANZÖSISCHE PIZZAS

Entenbrust, Apfel und Ziegenkäse 66
Acht Käsesorten 68
Herbsttrompeten, Speck und Cognac 70
Feigen, Ziegenkäse, Honig und Pistazien 72
Gegrillte Sardinen und Ratatouille 74
Ente und pochierte Birnen 76
Raclette 78
Kartoffelauflauf, Räucherspeck und Reblochon 80
Entenbrust, Kartoffel und Cantal 82
Blutwurst und Apfelkompott 84
Roher Schinken und Melonensalsa 86
Rindersteak und Schalotten 88
Kaninchen mit Senf 90

DE-LUXE--PIZZAS

Jakobsmuscheln und Wasabi 94
Pata Negra, Pfifferlinge und Wachteleier 96
Hummer und Zucchiniblüten 98

ALLTAGSPIZZAS

Chili-Calamari, Schritt für Schritt 102
Calamari und Salsa verde 104
Würziges Grillhähnchen, Schritt für Schritt 106
Würziges Grillhähnchen und Mango-Salsa 108
Kubanisches Schweinefleisch, Schritt für Schritt 110
Kubanisches Schweinefleisch und Kochbananen 112
Hackfleisch mit Kartoffelpüree, Schritt für Schritt 114
Kartoffelpüree und Parmesan 116
Rinderkotelett mit Gemüse, Schritt für Schritt 118
Rinderkotelett mit Gemüse und Cheddar 120
Ossobuco, Schritt für Schritt 122
Ossobuco und Pecorino 124
Wildschweinragout, Schritt für Schritt 126
Wildschweinragout und Pecorino 128
Lammkeule, Schritt für Schritt 130
Lamm auf griechische Art 132

SÜSSE PIZZAS

Crumble, Pfirsich und Honig 136
Apfel und Calvados 138
Nussnugat 140

CORPORATE
PIZZA CHAINS
STILL
SUCK

BESONDERER DANK

Ein riesengroßes Dankeschön an alle, die von nah und fern ihren Beitrag zur Entstehung des Pink Flamingo geleistet haben, insbesondere:

Vielen Dank an alle, die ganz am Anfang dabei waren: Jean-Charles, Jean-André, Andy, David & Mathilde, die uns mit Rat und Tat zur Seite gestanden haben.

Danke an Martin, der unseren Traum eine wichtige Zeit lang geteilt hat.

Danke an Paulo, der mit großem Talent als Kalligraf der Pizza-Speisekarte eingesprungen ist!

Ein tiefes und anerkennendes Dankeschön an unsere Kunden für ihren Mut, unsere Pizzas zu probieren und uns auch bei den Skeptikern zu empfehlen. Und seit die Kundschaft glücklicherweise groß ist: Vielen Dank für die Treue!

Danke an Édouard, Maylis und Maeva, unsere ersten Franchisenehmer, für ihre Risikobereitschaft und ihr Herzblut, ihren Einsatz und ihre Liebe für das Pink Flamingo. Danke an all unsere späteren Franchisenehmer, die das, was uns wichtig ist, weitergeben: Michaela, Gabriel, Karine, Saander, Jaap, Fortsetzung folgt.

Ein besonderes Dankeschön an Mme Navon, die an uns geglaubt hat und es uns mit der »salle d'à côté« – dem Zimmer nebenan – ermöglicht hat, schnell größer zu werden.

Unendlichen Dank an die Brasserie Thierez, Daniel und Patrick, für das tolle selbst gebraute »Pink Flamingo Bier«.

Danke an unseren Grafiker dafür, dass er sofort den Geist des Pink verstanden hat: Rock und Independent. You rock dude!

Danke an unsere vielen Freunde, die das Abenteuer mit dem Pink Flamingo begleitet und uns mit Rat und Tat zur Seite gestanden haben.

Danke an alle ehemaligen und aktuellen Mitarbeiter des Pink Flamingo: die Köche, die Pizzabäcker, die Leute im Service und die Auslieferer für ihre tägliche emsige Arbeit!

Ein liebevoller Dank an Granny und Mamie Karin für ihre verlässliche und treue Hilfe.

Ein besonderes Thank you an Space Invader, unseren Lieblingskünstler, für sein Wirken im Pink d'Aligre!

Danke an unsere Kinder Tom, Clyde und Pearline, die den Alltag ihrer Pizza-Eltern ertragen müssen, der manchmal ganz schön chaotisch und »crazy« ist.

Ein riesiges Dankeschön an Laetitia und Alizée, unsere aufopferungsvollen Engel!

Schließlich noch ein großes Dankeschön an unseren Verlag Marabout für dieses wunderschöne Buch und Fréderic Lucano für die schönen Fotos!

(Wir haben schreckliche Angst, dass wir bei dieser Aufzählung irgendeine wichtige Person vergessen haben. Wenn das der Fall ist, möge sie uns verzeihen; danke also auch an diese Person, die wir vergessen haben!)

We love you all!

PINK FLAMINGO RESTAURANTS

PINK CANAL
(Paris 10e)
67, rue Bichat

PINK ALIGRE
(Paris 12e)
23, rue d'Aligre

PINK MARAIS
(Paris 3e)
105, rue Vieille-du-Temple

PINK MONTMARTRE
(Paris 18e)
30, rue Muller

PINK BORDEAUX
18 place Fernand Lafargue,
Bordeaux St Pierre

PINK VALENCIA
Calle Pedro III el Grande,
7/46005 Valencia

PINK AMSTERDAM
Gerard Douplein 8,
Amsterdam

DK | Penguin Random House

Autor Jamie Young
Grafische Gestaltung Matthieu Bellanger (Serge&Serge) und Minsk-Studio
Herstellung Frédéric Voisin
Fotos Frédéric Lucano

Für die deutsche Ausgabe:
Programmleitung Monika Schlitzer
Projektbetreuung Hannah Schrott
Herstellungsleitung Dorothee Whittaker
Herstellungskoordination Katharina Dürmeier
Herstellung Kim Weghorn
Coverillustration Takashi Mifune

Titel der französischen Originalausgabe:
Pizzas pas comme les autres

Übersetzung Kirsten Gleinig
Lektorat Sabine Durdel-Hoffmann

ISBN 978-3-8310-2737-8

Printed and bound in China

Besuchen Sie uns im Internet
www.dorlingkindersley.de